42

YAMAHA

YAMAHA

Photo by zakkubalan ©2022 Kab Inc.

坂本さんはずっと考えていた

文：國分功一郎
by Koichiro Kokubun

坂本龍一さんが２０２３年3月末に亡くなった。坂本さんは音楽家である。哲学研究に携わる私には、その生と仕事を、十分な仕方で振り返り、文にすることなどできない。だから私は坂本さんを慕う多くの方々と同様、ただ黙って坂本さんの生前の姿を偲んでいるべきだったようにも思う。にもかかわらずこうして文を書こうとしているのは、坂本さんの死が私にとって、自分の死に目を向けさせるもの、自分が死ぬ可能性をありありと想像させるものであったことの意味に、少しでも近づきたいと思ったからである。訃報が私にそのような感覚をもたらしたことはこれまで一度もなかった。つまり、坂本さんの死によって、私ははじめて、自分も死ぬのだと分かった。

坂本さんとはじめてお会いしたのは２０１２年11月のことである。伊方原発訴訟に住民側証人として参加して敗訴した後、科学技術のあり方そのものに疑問を持って京都大学を辞職された物理学者、槌田劭氏の原発についての講演をツイッターで紹介したところ、それを坂本さんが読んでくださり、連絡をくださった。対談をさせていただくことが決まった。いまはもう閉店してしまった六本木農園ではじめてお目にかかり、お話しした。日付から分かるように、日本は大変な時期にあった。山積する課題にどう立ち向かうべきなのか、私は自分の考えを伝え、坂本さんと強く理解し合った感覚を得た。

２０１３年1月には坂本さんのラジオ番組「RADIO　SAKAMOTO」にお招きいただいた。その頃、私は地元の東京都小平市で、都道建設問題を巡る住民投票を求める運動に携わっていた。坂本さんにもそのことを伝えた。投票はその年の5月だった。投票に向けての運動を頑張っていたある日、運動資金カンパのための口座を管理している人から、「サカモトリュウイチさんという方から振り込みをいただいたのですが……。このサカモトさんって……」という話があった。もちろん坂本さんから私に事前に連絡があったわけではなかった。地道な運動を何も言わずに支援してくれるタイプの人だった。

その年、私は山口芸術情報センター（ＹＣＡＭ）を訪れ、インスタレーション作品「Forest Symphony」を展示中の坂本さんと再びお会いすることができた。坂本さんはスパークリング・ワインがお好きだったようで、レセプションの会場で「泡もの」と言ってそれを楽しんでいらした。会場で、左手に「泡もの」をもって、右手をあげながら、「國分さん」と声をかけて私の方に歩いてきてくださった。

その頃から坂本さんとのつきあいはもっぱらネットを通じたメッセージのやりとりになった。２０１４年7月に坂本さんはガンであることを発表された。その年、坂本さんは初めて開催される札幌芸術祭のゲスト・ディレクターに就任しており、私は札幌で坂本さんに会えるのを楽しみにしていたが、それは叶わなかった。その後、もうお目にかかることはできなかった。ただメッセージでのやりとりはどんどん増えていった。

坂本さんは歴史、政治、哲学等々について、疑問に思ったことを何でも私にお伝えくださり、また質問をしてくださった。私も「坂本さんからの質問なのだから、頑張って答えないと。きちんと調べないと」という強い使命感を抱いていた。その頃から坂本さんはただ漫然とではなく、かなり意識的に読書をするようになっていたようである。『資本論』を読みたいのだが、翻訳は何がよいか、と尋ねられたことがあった。

ナチスが独裁を確立した全権委任法の可決の際、ドイツの国会ではどのような討議があったのか、そもそも討議はあったのかと尋ねられたこともあった。こうした質問を受けた時、私はいつも専門家に連絡を取って情報や意見を収集していた。そうして収集した情報や意見を坂本さんに伝えるのは楽しかった。とはいえ、坂本さん自身が、私の収集してきたものをはるかに上回る情報や事実を伝えてくれることも多かった。坂本さんは自身が関心をもった問題について、とにかく考えていた。考え続けていた。

坂本さんは当時の皇室に対して基本的に好意的であった。以下は坂本さんの言葉ではなく、私の想像である。民主主義の過程を通じて実現されるべきこと、たとえば立憲主義の遵守が天皇に外注されている現実がある。そのことをどう考えるのか。もちろん民主主義の理念は民主主義の過程を通じて実現されるべきだ。ただ現在の天皇が何らかの民主主義の理念を実現しているという事実をそう簡単に否定はできないのではないか。もちろん、天皇には人権がないのだから、そのような制度を無条件には肯定できないし、また退位する権利は認めるべきであろう。

私が坂本さんとのやりとりを通じて感じ取っていたのは、以上のような考えである。天皇制を廃止すべきであるという立場からこのような立場を批判するのは簡単である。だがそれは天皇制廃止という意見に身を置くことであって、天皇制について考えることとは違う。

坂本さんはずっと考えていた。原発のことも権力のことも東京の再開発のことも、ずっと考えていた。考えている時、人は何らかの意見の上を通っていく。だが、考えることと、何らかの意見に身を置くこととは違う。そのような意味で、坂本さんはずっと考えていた。
　ずっと考えていた坂本さんがいなくなってしまったことに私は寂しいというよりも不思議だという感覚をもっている。もちろん、坂本さんがたどり着いていた意見のいくつかを受け継ぎたいという気持ちも、坂本さんのようにずっと考え続けなければという思いもある。ただ、今もなお、ずっと考えていたあの坂本さんがもういないということが、自分にとっては不思議なことでしかなく、ずっと考えていても人はいなくなってしまうということが私の前に一つの謎としてある。

國分功一郎／Koichiro Kokubun
1974年生まれ。東京大学大学院総合文化研究科超域文化科学専攻教授。博士（学術）。専門は哲学。著書に『中動態の世界　意志と責任の考古学』（医学書院）、『暇と退屈の倫理学　増補新版』（太田出版、新潮文庫）、『民主主義を直感するために』（晶文社）、『近代政治哲学』（ちくま新書）、『来たるべき民主主義』（幻冬舎新書）ほか多数。

interview

David Sylvian

デイヴィッド・シルヴィアン ――"Forbidden Colours"が自分に作曲の喜びを取り戻させてくれた。

質問・構成：三田格
by Isaru W. Mita
訳：江口理恵
translated by Rie Eguchi

"Merry Christmas Mr. Lawrence"にヴォーカル・パートを足した"Forbidden Colours"が最もよく知られたコラボレーションだろう。デイヴィッド・シルヴィアンと坂本龍一。2人は長期にわたって共作を続け、多彩な作品を多く生み出してきた。時にはポップ・ミュージック、時にはミュジーク・コンクレートと、2人の間に音楽性の壁が存在したことはない。その時々の共作の様子をシルヴィアンに語ってもらった。彼はある時、坂本龍一は兄弟のような存在だとも話していた。

――まだ坂本さんの曲を知らない子どもたちに坂本さんの曲を聞かせるとしたらどの曲にしますか？

DS　坂本龍一が世に出した音楽のすべてに精通しているわけではないことをまずは伝えておかなければなりません。彼のカタログはかなり膨大です。よくあるように、小さな子どもたちが、クラスの休憩時間にリラックスするために聴くのではなく、注意深く耳を傾けられる状態で聴くなら、"Diabaram"（『Beauty』収録）のような、言語がわからなくても曲が持つパワフルな感情を感じ取ることができる曲を選ぶと思います。異文化の音楽を、若い人たちが聴きやすく、理解しやすいような文脈で紹介するのはポジティブな考え方でしょう。シンプルですけれど、肯定的な高揚感をもたらす"We Love You"（同）も、選ぶかもしれません。文化的背景や、対象となる子どもの年齢によって他の多くの選択肢もありますし、〝M.A.Y. IN THE BACKYARD〟（『音楽図鑑』収録）なども頭に浮かびます。

僕が家族と一緒にニューヨークの坂本宅を訪ねた時、大人がおしゃべりをしている間、『Chatran（子猫物語）』をかけて子どもたちの気を引くようにしてくれたことがあります。子どもたちはその映画とサウンドトラックをとても気に入っていました。リュウイチの作品には、あらゆる年齢の子どもを引きつけるいくつもの要素がありますね。

——坂本さんとはどうやって知り合ったのですか？ 彼の第一印象は？

DS ロンドンに住んでいた頃、YMOのデビュー・アルバムを買って〝Tong Poo〟の作曲者の名前を記憶しました。アルバムのなかでもっとも強い曲だと感じたのです。その後、日本に行った際に、確か「ミュージック・ライフ」誌（編集部注＊正しくは「プレイヤー」誌）がリュウイチをインタヴュアーにして取材を組みました。そのインタヴューには、ためらいや沈黙、ある種の恥ずかしさがありましたけれど、それは僕の性質に由来するもので、リュウイチの本質ではありませんでした。インタヴュー自体は、平凡なものでしたけれど、録音テープが止まってから、もう少し自由に話せるようになって、繋がりのようなものができました。第一印象は（もうずい分前のことになりますけれど）、いろいろと異なるジャンルの音楽知識に精通した人物だということです。彼とのやりとりからは、静かなる自信とユーモアが感じられました。リュウイチを思う時には、誰もが彼の笑顔を思い出さずにはいられません。彼のわずかな遠慮は、当時は英語ができなくて、通訳に頼らざるを得なかったからかもしれませんね。遊び心があって、察しがよく、物惜しみをしない優しい人でした。人と一緒にいることを楽しむ人でした。

——あなたが坂本さんに曲を依頼した最初のコラボレーションは〝Taking Islands In Africa〟（『Gentlemen Take Polaroids』収録）でしたが、なぜこの曲だったのでしょう？

DS 僕たちがエア・スタジオの大きな第1スタジオに入っていた時、リュウイチも廊下の先にある、くつろいだ雰囲気の第4スタジオにいたんです。後に僕の多数のアルバムでエンジニア兼共同プロデューサーを務めてくれるスティーヴ・ナイと一緒にね。リュウイチは主にProphet-5で仕事をしていました。というより、スタジオにはそれ以外のシンセサイザーは置かれていなかったと思います。僕がたまにリュウイチのところに顔を出していたんです。リュウイチが『B-2 Unit』を録音するためにUKで過ごす前にプライヴェー

彼とのやりとりからは、
静かなる自信とユーモアが感じられました。
リュウイチを思う時には、
誰もが彼の笑顔を思い出さずにはいられません。
遊び心があって、察しがよく、
物惜しみをしない優しい人。
人と一緒にいることを楽しむ人でした。

**僕とリュウイチは、
単純にポップな作品から、
レーベルが言うところの難解な作品へと
成熟していったわけではなく、
ジャンルの間を容易に
行き来することができて、
美的にはまったくかけ離れたような
素材を同時に扱うことができた
ということだと思います。**

トで「いつか一緒に音楽をやろう」という話はしていました。僕はいまでも『B-2 Unit』が彼のアルバムのなかでも最高傑作のひとつだと思っています。そしてある晩、彼が第1スタジオにやってきて、僕が作業するためのベースとなるトラックを録音することになったんです。エレクトロニック・ドラムやベースに始まって、入り組んだメロディとカウンターメロディ（対旋律）など事前につくられたアレンジをリュウイチが次々とProphet-5で演奏して録音していきました。それは華麗で技巧的なパフォーマンスのようでした。その晩、僕はそのトラックを自宅に持ち帰って、その作品のムードに波長を合わせました。翌日、僕がヴォーカルを録音すると、リュウイチがそれを聴きに立ち寄ってくれました。彼はメロディと曲が早く仕上がったことに感心していたようです。その時に僕と彼は気心の知れ合う同志となりました。お互いにとってかけがえのない結びつきを発見したのです。

音楽そのものについて話し合うことは稀でした。

——当時は2人ともアフリカやアジアの音楽に共通の興味を持っていたのですか？

DS　選曲は直感で選んだものもあるし、音楽自身が訴えかけてきたものもあります。2人とも幅広い音楽を聴く習慣がありました。でも、音楽そのものについて話し合うことは稀でしたね。お互いの間に共通言語はありませんでした。ただ、純粋に音楽的なレベルで互いに反応しあったんです。別な言い方をすると、音楽が僕たちの共通言語でした。

——EP「Bamboo Houses・Bamboo Music」（82）はどちらが持ちかけたプロジェクトだったのでしょう。2人とも新たな道に踏み出す時で、先のことを話し合ったりしましたか？

DS　どちらが持ちかけたのかは思い出せませんが、リュウイチがロンドンで行っていたプロジェクト（それが何であったのかも思い出せません。単純にプロモーション・ツアーかライヴをしていたのかもしれません）の終わり近く、日本に帰るまでの限られた時間でのことでした。僕は〝Bamboo Music〟というタイトルの曲を書いていましたが、リュウイチとは本当のコラボレーションをしたかったので、あえて聴かせていませんでした。ここでもまた、方向性についての話し合いはしていないのです。端的にいえば、リュウイチは〝Bamboo Music〟に多くの責任を負うことになりました。スタジオでシンクラヴィアを演奏しながら、曲の大半を書き換えたのです。ヴォーカル的には反応しにくい作品でしたが、なんとかある種の方法を見つけだしました。トラックについての詳細はいまここで思い出せませんが、僕らのヴァージョンよりも矢野顕子のヴァージョンが気に入っています。〝Bamboo Houses〟は主に僕の曲で、主なコード進行、シンセのメロディ、中間部と低音部は僕の作曲であり、リュウイチが曲の冒頭を飾るカウンターメロディや、シーケンス・ドラムにマリンバの部分を提供しています。彼が去る前に、作品に彼の話す言葉をのせたいと思って声を録音してもらいました。彼が東京に戻る頃、まだ〝Bamboo Houses〟の完成にはほど遠かったので、結果的にこの曲の展開には僕が大きな役割を果たすことになりました。2000年頃、この曲をコンピレーション・アルバム『Everything And Nothing』のためにリミックスしたので、より記憶に残っています。

――ソロ・デビュー作『Brilliant Trees』(84)であなたの音楽性が以前と変わったことに〝Forbidden Colours〟の試みは影響していますか?

DS 音楽性という意味での影響を受けたわけではないのですが、自分が陥っていた音楽のマンネリ化から解放してくれたと思っています。あの状態をライターズ・ブロック(一時的に作家が陥るスランプ)とはいいませんが、ジャパンの活動が終わりを迎え、自分の初のソロ・プロジェクトの方向性を探っている最中でした。正直なところ、ポピュラー・ミュージックの商品化、レコード・レーベルから常により多くの音楽を求められるプレッシャー、ツアーの退屈さや、何よりもバンド自体への中傷に幻滅していたのです。バンドの曲作りのほとんどを自分が専属作家のような形で担っており、若い頃に楽しむことができた遊び心のある実験主義を失ってしまったのです。次第にドローイングや写真に取り組むようになり、誰にも肩越しに見張られることのない親密で私的な喜びを知るようになりました。『錻力の太鼓(Tin Drum)』(81)をレコーディングしている時にはなんとか避けられたのですが、それでも外からの圧力を明白に感じ取っていたのです。ある日、また、エア・スタジオでの出来事だったと思いますが、リュウイチから『戦場のメリークリスマス』のテーマをカセットテープのコピーで手渡され、この曲のヴォーカル・ヴァージョンを書いてほしいと頼まれました。すぐに曲に惚れ込みましたが、自分の傾向としては、リュウイチが期待した、メイン・テーマを模倣したり、なぞったメロディを書くのではなく、自分なりのスタイルで、そこから出たり入ったりして織り上げていくことを思いつきました。早い話が、この曲が自分に作曲の喜びを取り戻させてくれたのです。この曲は、従来の意味で『Brilliant Trees』に影響を与えたのではなく、純粋に書くことの喜びの扉を再び開いてくれたのです。商業的な利益に目をつぶれば、なんでも可能だという概念にも。

――あなたと坂本さんはポップスから現代音楽まであらゆるジャンルに手を染めていることでも共通点があります。自分たちと同じタイプだと思うミュージシャンはほかに誰かいますか?

DS あまり思い当たる人は多くないですね。僕とリュウイチは、単純にポップな作品から、レーベルが言うところの難解な作品へと成熟していったわけではなく、ジャンルの間を容易に行き来することができて、美的にはまったくかけ離れたような素材を同時に扱うことができたということだと思います。

アルバムは完成していないのに予算を使い切ってしまっていた。

——坂本さんのラジオ番組に出演した際（1983.1.11）、あなたが自分たちの音声にエフェクターをかけながら放送していたことは覚えていますか？　あのような遊び心はあなたの資質？　それとも坂本さんが誘発するのでしょうか？

DS　あれはアルコールに誘発されたものだったと思います。友だち同士のことだから、ラジオ番組のようなものでは、そこまでシリアスになる必要はありません。あれは、でも、自分よりリュウイチが快適に過ごせる場所だったと思います。彼のショーだったし、彼の遊び心にまかせて、冗談でお互いを罵ったりしていました。

——『Secrets of The Beehive』（87）や『Dead Bees on A Cake』（99）からナイン・ホーセズのプロジェクトなど、あなたと坂本さんの共演は数多くありますけれど、形にならなかったセッションもあったのでしょうか？

DS　一緒にやったセッションのなかでは『Dead Bees on A Cake』が一番難しいものがありました。リュウイチと共同プロデューサーとして取り掛かったのですけれど、彼の家の地下で行われたセッションはうまくまとまりませんでした。僕はニューヨークに着く前に、かなりの部分の作業を行い、方向性やどのように発展させるかを考えていたのですが、そのことがかえって問題のひとつになってしまったようです。当時、リュウイチはインターネットに心を奪われていて（自分のサーバをインストールしたばかりでした）、仕事中にも気がそがれることが多かったんです。セッションのために大きなスタジオに移ってからも、ピアノを弾く時にためらっているような様子で「長いこと弾いていないから、弾けるかどうかわからない」と言って、たびたび行き詰まることがありました。ですけれど、そのセッションからは、〝I Surrender〟や〝The Scent of Magnolia〟のストリングスのアレンジ、〝Midnight Sun〟のブラスなど美しい瞬間も生まれました。僕がニューヨークを去る頃には、アルバムは半分しか完成していないのに、予算を使い切ってしまっていたのです。僕たちの間で物事がスムーズに運ばなかった唯一のことでしたね。

——もっとも印象に残っている曲はどの曲ですか？

DS　『Secrets of the Beehive』では僕が、ストリングスとブラスのアレンジを示唆するデモをすべての曲でつくっていました。リュウイチの精神の偉大さが、何度も証明してくれたのは、彼が自らの印を作品に刻むことなく僕のヴィジョンをテープに書き込むのを許してくれたことです。彼ほどの名声を得た人で、そのような控えめな行いができる人がいるでしょうか？　彼以外には思いつきません。彼の音楽的な貢献は、オーケストレーション以外でも卓越していて、しばしば、ほどよく抑制された表現で、決して曲を支配しようとせずとも、彼自身は完全に曲に没頭していたのです。そのようなアプローチには謙虚さがあります。〝When Poets Dreamed of Angels〟のストリングスは、まさにリュウイチそのもので、僕の中では永遠にアルバムのハイライトたる曲です。〝Mother and Child〟のピアノ・ソロもしかりです。リュウイチの幅広い音楽の知識は、知的な側面からのものだけではなく、すでに彼の指にすべて備わっているものなんです。「このソロ・セクションでは何かルーズでフリージャズ的なものにできる?」と聞くと、彼は躊躇なくやってのけて、すぐ〝Maria〟の繊細なハモンド・オルガン演奏にも切り替えられました。すべてがそこに在ったのです。僕はこれまで、最高のミュージシャンたちと仕事をしてきましたが、彼のような人に出会ったことはありません。

——あなたのコンピレーション『Everything And Nothing』(00)には29曲中10曲(3分の1!)に坂本龍一が参加していました。どうして2人でジョイント・アルバムをつくらなかったのでしょう?

DS 僕たちは前もって計画するということがありませんでした。その時々のコラボレーションが最後になる可能性もありました。たしか、1984年の後半、僕が日本にいた時にリュウイチがアルバムをつくろうと提案してきたんです。彼がアパートを借りて機材をセットアップしました。いまになっても、この時のコラボレーションのタイミングは不思議に思えます。彼が何を考えていたのかわかりませんでした。多分、彼は方向性を見失って、新しいものを探していたのでしょう。僕は『Brilliant Trees』を、彼は『Illustrated Musical Encyclopedia(音楽図鑑)』という共通点のない2つのアルバムを完成させたばかりでした。僕たちは朝から無機質なアパートに集まり、可能性について話し合い、彼は決して満足することのない断片を演奏しました。僕は最初から、この取り組みの場所も時期も適切ではないと確信していたものの、リュウイチをリスペクトしていたので、彼にとっては自分のパレットを洗い直して前に進むために必要なことなのだと理解しました。その後、何も送られてこなかったから、その時期に耳にしたもので、形になったものは何もなかったのだと思います。彼は何かを探していました。その時の僕は単なる傍観者で、自分の次のプロジェクトへと向かっていたのです。

——坂本さんと、どんなことをよく話しましたか?

DS 僕たちは音楽について話すことはほとんど

リュウイチは『Dead Bees On A Cake』のセッションでピアノを弾く時にためらっているような様子で「長いこと弾いていないから、弾けるかどうかわからない」と言って、たびたび行き詰まることがありました。僕たちの間で物事がスムーズに運ばなかった唯一のことでしたね。

〝No More Landmine〟はシンプルで子どもでも歌える歌詞にしてほしいと言われました。

『Beauty』も特別なアルバムだ。
後年の作品では、
『Chasm』は良い原点回帰でしたが、
マスターピースは『async』でしょう。
『Plankton』も大好きですが、
このような作品は、彼の他の著名な作品ほど
注目はされないでしょうが、
その美しさは大きな喜びを与えてくれます。

ありませんでした。

——ちなみにあなたと話している時に坂本さんには何か口癖がありましたか?

DS　何もありませんでした。

——あなたも坂本さんもタルコフスキー監督のことを話題にすることが多いと感じます。2人でタルコフスキーについて話したりしたことは?

DS　リュウイチがいつタルコフスキーを愛するようになったのかは定かではありません。僕はたしか、83年に彼を発見しました。僕たちの会話に彼の話が出たことはありません。彼にとって、いつタルコフスキーが重要な存在となったのかはわかりませんけれど、彼の映画好きを考えてみますと、早い時期からその作品を知っていたのでしょう。僕はタルコフスキーの父親（アルセーニィ・タルコフスキー）の詩集を持っていました。リュウイチからその詩集の詩を、ニューヨークの慈善公演で読んでほしいと頼まれたことを覚えていますが、どの詩がよいかを指定することはありませんでした。僕たちの間にあった信頼関係ゆえだと思います。そして彼はその録音に合わせて演奏をしました。彼が『async』で〝Life, life〟を選んだのはずっと後のことです。もっとも美しい文脈の中でつくられた詩です。

——あなたがロンドンで武満徹と会った時、坂本さんにも声をかけ、それが坂本さんにとっては武満徹と会う最後になったそうです。どうしてあなたは武満徹と会う時に坂本さんに声をかけようと思ったのですか?

DS　当時、リュウイチはまだ武満徹との面識がありませんでしたが（編集部注＊これは勘違いだと思われます）、僕はトオルさんのことを少し知るようになっていて、僕たち若者をさしおいて、トオルさんが一番多く飲み続けるという長い夕食会を共にさせてもらったり、彼の作品の初演などに一緒に行ったりしていました。かなり昔、若い頃に、僕がトオルさんの作品に憧れていることをリュウイチに話したら、彼が学生の頃にミスター武満のコンサート会場の外でビラを配って抗議活動をしたことを話してくれました。年をとったサカモトは、そのことを青年のようなプライドと、わかりやすいユーモアをもって語り、遅まきながら武満徹の仕事への畏敬の念を口にもしました。皆がロンドンにいた時、僕はトオルさんと彼のお嬢さんと一緒にアフタヌーン・ティーをする約束があったので、お願いしてリュウイチも招待してもらうことになりました。それは笑いにあふれて打ち解けた会合となり、いつものごとく、一緒に仕事がしたいねという話をしたんです。

——〝World Citizen（I Won't Be Disappointed)〟（03）の歌詞は2人の共作となっていますが、「The indifference of the days」及び「I want to pronounce all their names correctly」の部分はどちらが考えたのですか？

DS　あの曲は確かリュウイチが誰かから曲作りを委嘱されたんです。彼は何から始めればよいのかわからなかった様子で、ユキヒロのポップ・ソングを送ってきたのです。その曲を嫌いではありませんでしたが、「このような種類の音源で制作するには僕たちは少し年を取りすぎてはいないか？」と返事をしました。反戦歌という概念が常に世間にあったのかわかりませんが、多分、あったのでしょう。ちょうどアメリカがイラクに侵攻していた時期でした。選択肢がなくなってきた彼は、僕に曲を書くよう依頼してきました。僕は公然と政治的な〝World Citizen〟でそれに応えました。自分は決して、あからさまに政治的なリリシストではありませんが、反戦歌を書くのであれば、遠回しな言葉を書いても意味がないと信じていました。リュウイチは、シンプルで歯切れのよいピアノをステレオフィールドの左から右へとピンポン玉のように振りわけ、その下に繊細なシンセ・パッドを敷いて返してきました。それだけでした。歌詞は、ニューハンプシャーからニューヨークへのドライブ中に、車の中で封筒の裏に走り書きしたのを覚えています。帰宅してから自分でリード・ヴォーカルを歌い、録音してリュウイチに送りました。彼はそのトラックを、多彩なゲストとともに肉付けしていきました。いくつかのヴァージョンが存在しますが、『Chasm』のためのミックスが一番強力だと思います。歌詞とメロディは通常通り、完全に僕が1人で書きあげたものです。

——昨日（4月22日）、坂本さんが呼びかけ人の1人となった樹木伐採に反対する集会で多くのミュージシャンが坂本さんの曲を演奏しました。地雷除去のためのチャリティーソング〝NO MORE LANDMINE〟や〝World Citizen（I Won't Be Disappointed）〟をつくった時、あなた方2人はどんな曲を聴いていましたか？

DS　何を聴いていたかは、単純に思い出せません。その時、聴いていたものに何かしらの影響は受けてはいません。ただ、〝NO MORE LANDMINE〟のロング・ヴァージョンでは多数のアーティストが含まれていて、このミックスには誰がふさわしいのか、リュウイチが時間をかけて検討したのではないかと思います。その時、リュウイチは彼らの音源を聴き直したでしょうか？　そうではなく、彼らの作品が知識として頭に入っていて、それを元に選んだのだと思います。〝NO MORE LANDMINE〟については、リュウイチに、シンプルで子どもでも歌える歌詞にしてほしいと言われたんです。彼は最初、児童合唱団というアイデアを挙げていました。それについては最終的に方向転換をしたのだと思いますが、そうした理由で、子どもっぽい歌詞になったというわけです。

——『A Tribute To Ryuichi Sakamoto - To The Moon And Back』であなたはAlva Noto + Ryuichi Sakamoto with Ensemble Modern『utp_』から〝Grains〟を取り上げています。とても興味深い選曲です。坂本さんの作品で最も聴きごた

えがあると思ったアルバムはどれですか？

DS　カールステン（＝Alva Noto）と組んだ作品はとても好きです。リュウイチのアルバムについては、時間と場所の要素を考慮にいれる必要があります。『B-2 Unit』は、長い間のフェイヴァリットでした。〝Thatness and Thereness〟のヴァージョンをレコーディングしたいという思いもありましたが、僕にとって傑出した宝物のような曲は〝Riot in Lagos〟です。彼はこの曲だけで1枚のレコードをつくることができたと思いますし、そうしていたら僕も幸せだったでしょう。『Beauty』も特別なアルバムです。後年の作品では、『Chasm』は良い原点回帰でしたが、マスターピースは『async』でしょう。『Plankton』も大好きですが、このような作品は、彼の他の著名な作品ほど注目はされないでしょうが、その美しさ、サウンドデザインとディテールが大きな喜びを与えてくれ、これらの作品には敬意を抱いています。

――坂本龍一のピアノ演奏を詩的に喩えてみてください。

DS　ここでもまた、リュウイチのキャリアの長さを考慮する必要があります。彼はいくつものフェーズを辿ってきました。彼の指先には、瞬時に使えるすべての知識が宿っています。彼は一時期、非常にダイナミックなピアニストでした。年を重ねるにつれ、演奏はますます洗練され、鳴らされる音符は重力と軽さの両方を備えていました。彼の精神は浄化の過程を辿っています。トンネルを抜けて、眩いばかりの日の光の中に進む媒体となって。純化された光の中へ。

デイヴィッド・シルヴィアン／David Sylvian
1958年生まれ。1970年代後半に登場したイギリスのグラム・ロック・バンド、ジャパンのフロントマンとして活躍するものの、80年代初頭からソロ活動を開始すると、よりシリアスなアート志向の作品を発表する。82年の坂本龍一との共作「Bamboo Houses・Bamboo Music」はその先駆けとなった1枚で、83年には「Forbidden Colours（禁じられた色彩）」が続いている。1984年に発表した最初のソロ・アルバム『Brilliant Trees』には坂本龍一ほか、ホルガー・シューカイ、ジョン・ハッセルといった先鋭的なアーティストたちが名を連ねているが、その後もロバート・フリップやハロルド・バッド、ゼロ年代以降にはフェネスとの共作もリリースしている。また、坂本龍一の作品にはたびたび参加し、周知のように両者の交流は最期まで続いた。

interview

Alva Noto (Carsten Nicolai)

アルヴァ・ノト（カールステン・ニコライ）
——彼が亡くなる数日前に、もう1枚アルバムを作ろうというアイデアを話していたのです。

質問・構成：三田格
by Itaru W. Mita
訳：下村雅美
translated by Masami Shimomura

坂本龍一が2002年からアルヴァ・ノトことカールステン・ニコライとリリースを開始したコラボレーションのシリーズはあまりに美しく、世界各地に静かな興奮を巻き起こした。2011年までに5作を数えた同シリーズは各作品の頭文字を並べると「V.I.R.U.S.」となり、パンデミックを予見したかにも思えてしまう。また、闘病中の坂本が体力の限界を感じ、『レヴェナント：蘇えりし者』のサウンドトラックを完成させるために助けを求めたのもニコライだった。坂本はニコライを数少ない友だちの1人だと話していたことがある。

——東京で初めて坂本さんと会った時にあなたは坂本さんのことを好奇心の強い人だと感じたそうですが、どうしてそう感じたのですか？　そして、あなたにとって坂本さんはその後も「好奇心の強い人」であり続けましたか？

AN　好奇心というのは、私にとって常にとてもポジティヴなサインです。創造力と好奇心は直結していると思います。さらに、好奇心には、寛容性や広い視野といった意味も含まれています。私がリュウイチに出会った時、彼はちょうどボサノヴァのアルバムを制作していました。もちろん、それは私とは畑違いの音楽だったのですが、それでも彼はそのなかの1曲をリミックスしてほしいと依頼してくれて、そのリミックスが私たちの長い友情と共同作業の出発点となりました。リュウイチは、芸術的にも社会的にも明確なヴィジョンを持っていて、決してひとつのジャンルに縛られることはありませんでした。自分を枠にはめないということは、もちろんアーティストにとって素晴らしい状況であり、まさに彼が常に表現してきた姿勢です。

——坂本さんと会う前に、彼の音楽は聴いていましたか？　好きな曲はありましたか？　坂本さんは様々なジャンルの音楽を手掛けていますが、ドイツではどのスタイルが最も知られていますか？

AN　私は『B-2 Unit』のファンでした。ドイツで誰もが知っている彼の主な作品は、大作映画の音楽で、〝Merry Christmas Mr. Lawrence〟〝Little Buddha〟〝The Sheltering Sky〟などの曲がとても有名です。

——坂本さんはあなたの音楽を初めて聴いた時、「90年代のテクノとは違ったから良かった」と話していましたが、あなたにとって90年代のテクノとは何でしたか？　相手にするようなものではなかったのか、それとも乗り越えるだけの価値があるものでしたか？

AN　私はテクノに大きな影響を受けましたが、クラブ・ミュージックに興味があったというわけではありませんでした。テクノは純粋に新しい種類のサウンドで、ある意味、ドイツ統一の瞬間のサウンドトラックを非個人的なものにしてくれました。一方、クラブでのテクノは、私にとって必ずしも興味深いものではありませんでした。それよりも、電子的に生成された音楽や実験の可能性に興味があり、知覚の可能性や知覚の拡張に興味があったのです。当時、私たちのレーベルは流通の構造を一部利用していましたが、古典的なテクノの文脈の中には私の音楽の居場所はほぼないと比較的早くに理解しました。リュウイチが感じたのは、古い伝統を破り、新しいことを表現しようとする音楽がここにあるという、新しい始まりだったのだと思います。この新しい次元が、彼がこの種の音楽に目を向け、私の音楽を聴く本当のきっかけになったのだと思います。

——あなたと坂本さんは10歳以上年が離れています。それだけ年上だとどうしてもミステリアスに感じる面があると思います。長い付き合いでも理解できなかったところはありますか？

AN　人はすべてを理解することはできないですし、常にある種の謎があるはずです。それが魔法であり、私たちがより多くの時間を費やすことに疑問をもつ原因でもあります。リュウイチの音楽と人生について、私が問わなかったことはたくさんあり、その答えに触れただけです。リュウイチは自分の音楽に多くのことを書き込んでいて、注意深く聴けば、そこに彼の姿を見出すことができ

リュウイチは、芸術的にも社会的にも明確なヴィジョンを持っていて、決して1つのジャンルに縛られることはありませんでした。自分を枠にはめないということは、もちろんアーティストにとって素晴らしい状況であり、まさに彼が常に表現してきた姿勢です。

「V.I.R.U.S.」という名前は、
ウイリアム・バロウズの言葉
〝Language is Virus〟（言語はウィルスである）
を引用したものなのですが、
ここでは、言語とは音楽であり、
それはウィルスのように自己増殖し、
常に生き残ろうとするという意味があります。

るでしょう。音楽家として一緒に仕事をする時に重要なのは、話すことではなく、テレパシーのようなコミュニケーションを学ぶことです。だから、この質問には言葉で答えることができないのです。

——坂本さんを動物に喩えると何が思い浮かびますか？

AN　不死鳥でしょうか。特に、過去から新しいものを引き出して、何度も自分を蘇らせる、再生という側面が、リュウイチを表すのにぴったりかもしれません。

——あなただけが知っていると思う坂本さんのことを何かひとつ日本人のファンにも分けてください。

AN　リュウイチは休日が好きではありませんでした。彼はその概念が理解できず、休日にまつわるすべてのことに不安を感じていました。彼にとって、生活と仕事は一体だったのです。

——シュトックハウゼンの〝Kontakte〟はアコースティック楽器と電子音楽の「接触」を意味していますが、「V.I.R.U.S.」シリーズはそのコンセプトを踏襲していると考えていいですか？

AN　いずれにせよ、「V.I.R.U.S.」という名前は、ウイリアム・バロウズの言葉〝Language is Virus〟（言語はウィルスである）を引用したものなのですが、ここでは、言語とは音楽であり、それはウィルスのように自己増殖し、常に生き残ろうとするという意味があります。この名前がこれほど重要な意味を持つようになるとは、当時は思いもよりませんでした。

——『vrioon』は2種類のフラジャイルな音が常に緊張感と静けさを天秤にかけているように聞こえます。坂本さんは『vrioon』ではまだあなたが坂本さんに対して遠慮があると話していました。しかし、そのことがむしろ作品に美しいイメージを凝縮させたと思うのですが、ピアノの音の美しさをあなたは温存したかったのでしょうか。

AN　はい、その通りです。私は彼を非常に尊敬していたので、オリジナルの素材を何も変えたくありませんでした。当時はお互いに知り合ったばかりで、まだそのタイミングではなかったのです。2枚目のアルバムの後、個人的にお互いを知り、一緒に演奏するようになってから、少し大胆になりました。

——作品を仕上げていく過程で坂本さんとはどのようなことを話し合いましたか？　ボツにした曲などはありますか？

AN　リュウイチはいつも私に自由な裁量を与えてくれました。ごくたまに、もう少し踏み込んで曲を作ったり、素材を追加したりすることもありましたが、最初の2枚のアルバムでは、彼は私に完全に自由な裁量を与えてくれました。その後、一緒に仕事をすることが多くなり、その過程で実際に取り決めをつくり上げていき、その作業は常

に私たちを強く結びつけてくれました。ですから、ボツになる曲はほとんどありませんでした。

「XERROX」シリーズはリュウイチとのコラボレーションなしでは生まれなかった

——『vrioon』が完成した時、その次があると思っていましたか？　3年おきにアルバムをつくるという周期は自然に生まれたものですか？

AN　ある意味、ひとつの過程でした。私が3枚目のアルバムに『utp_』と名付けた時、アルバム名の頭文字がなにかの単語を作る可能性があると気づいたのです。そこで、アルバムの頭文字を「V.I.R.U.S.」にしたらどうかと提案しました。それにともない、5枚のアルバムを一緒に制作することも決まりました。この時点でアルバム名の頭文字が決まったとも言えます。

——『insen』以降、「V.I.R.U.S.」シリーズは不条理なムードを強めていきます。それは何に起因するのでしょう？

AN　そうですね。ウィルスが自分たちにとってこれほど重要なものになるとは当時は意識していなかったとすでに述べましたが、私たちはパンデミックを予測したわけではありません。でも、アーティストが無意識に感じ取って行うこともあり、それはもちろん、ある種の感性やアンテナを持っていることを示しています。それがこの先、重要なトピックになることがあるかもしれません。

——アンサンブル・モデルン（Ensemble Modern）とのコラボレーションは「V.I.R.U.S.」シリーズでも毛色がまったく異なる作品になっていますが、その後の「V.I.R.U.S.」プロジェクトにはどんな影響がありましたか？

AN　2枚目のアルバムの後、私たちはサウンドの領域を広げ、クラシックのオーケストラ音楽を取り入れることを計画していました。ちょうどその頃、ドイツのマンハイム市から、市制400周年記念のための特別な作品を書いてほしいというオファーがありました。そこで、アンサンブル・モデルンと一緒に演奏しようという話が持ち上がったのです。ここでも、すでにこの方向を考えていたまさにその時に、このオファーがあり、私たちを後押ししてくれました。

——共同作業をするようになってから坂本作品がそれまでと違って聞こえるようになりましたか？

AN　はい、もちろんです。私のメロディックな音楽に対する拒絶反応がなくなりました。また、「XERROX」シリーズは、リュウイチとのコラボレーションなしでは生まれなかったと思います。このコラボレーションのなかで、私は多くのことを学び、メロディックな音楽に対する恐怖心や、クラシックのメロディに対する全面的な拒絶を克服することができました。

——それはとても興味深い話です。〝ax Mr. L.〟で〝Merry Christmas Mr. Lawrence〟をサンプリングしたのはどちらのアイデアでしたか？

AN　それは私からの提案でした。リュウイチは自分の昔の曲を演奏することに特に興味はなかったようです。でも、これは実際にライヴの最中に思いついたアイデアで、そこから発展したものでした。彼の初期の作品を引用し、リミックスのようにこの曲の新しい解釈を提示したかったのです。それで、この曲をライヴのレパートリーに入れ、後にリリースしました。

――『The Revenant』を制作する上であなたが最も苦労したことは何でしたか？

AN　一番大変だったのは、間違いなく時間的なプレッシャーでした。私たちはまだ映画が編集中の段階で作曲をしたのですが、この並行作業の中で同時に音楽を作曲するのは至難の業でした。しかし、イニャリトゥ監督との関係は非常に良好でした。とても濃密な時間でしたが、本当に素敵な作品で、一生忘れることはないでしょう。

――『Glass』では一転してドローンに手法が変化したのはなぜですか？

AN　「V.I.R.U.S.」シリーズを完成させた後、リュウイチは不運にも癌と診断され、最初の治療を受けることになりました。この状況は、私にとってもまったく新しい状況を生み出し、私たちが作品の再演にもう興味がないのは明らかでした。私たちは新しいものを生み出すために時間を使いたかったので、既存の作品を演奏するというコンセプトは完全に変わりました。まったく新しい曲を作り、即興で演奏することに興味を持ちました。もちろんそれは新しい次元に到達するのに役立ちました。私たちは、さまざまな象徴的な場所でインスピレーションを受け、演奏するという考えを発展させてきました。大きなコンセプトや事前のアレンジもなく、その場で曲を発展させるのです。このアイデアを実現させた最初の場所は、フィリップ・ジョンソンの「グラスハウス（ガラスの家）」での演奏のオファーでした。本当はもっといろいろな要素（水や石など）を計画していたのですが、残念ながら実現できませんでした。

――坂本さんは政治的発言や環境保護に力を尽くしてきたことでも知られています。そういった音楽以外の彼の活動に共感はありますか？

AN　はい。いずれにせよ、私自身も環境を守り、自然を守ることが現在の最大の課題だと考えています。リュウイチの取り組みをいつも応援してきましたし、また、小さな寄付をたくさんして、その活動を広めようとしてきました。

――坂本さんと最後に話したのはいつでしたか？　何について話したのでしょう？

AN　私たちは実は常に活発にやりとりをしていて、リュウイチとメッセージで最後に話したのは、彼が亡くなる2日前でした。その数日前にも、私たちはやはりもう1枚アルバムを作ろうというアイデアを話していたのです。そのアイデアに基づいて、リュウイチはとても美しく、すでに形になっている感じのするスケッチを私に送ってくれました。彼の希望は、私にこれらのスケッチを『vrioon』や『insen』の時と同じように手直しし、何かを追加してほしいというもので、私はそれをやりました……。そして、私はトラックを何度も送り続けました。これらの曲の解釈はどのようなものになるでしょう？　実は私たちは作業を続けていたのです。彼が送ってくれたスケッチは、その後、『12』というタイトルでリリースされました。本当に素晴らしいドキュメントで、このドキュメントがそのままリリースされたことをとても嬉しく思っています。

——坂本龍一はあなたにとってどんな存在でしたか？

AN　リュウイチは親しい友人でした。もう直接会えないとわかっていても、このことについて言葉を見つけるのはいつも難しいです。私は別の方法でリュウイチと話すことを学ばなければならないし、それができるようになることを願っています……。ある意味、「V.I.R.U.S.」プロジェクトで私たちが言った、〝音楽は、今、私たちがコミュニケーションするための言語である〟ということが現実になりつつあります。

アルヴァ・ノト／Alva Noto
1965年生まれのカールステン・ニコライ（Carsten Nicolai）は、ドイツはベルリンを拠点とし、90年代から主に実験的なエレクトロニック・ミュージックのシーンで活動をしている。99年には、ミニマリズムの美学をもってデザインされたアートワークの、世界的に評価の高いレーベル〈ラスター・ノートン（Raster-Noton）〉をスタートさせ、坂本龍一との共作のほか、池田亮司の作品やブリクサ・バーゲルド、ミカ・ヴァイニオとの共作など多くの重要作品を出している。また、ヴィジュアル・アーティストとしても活動し、彼のインスタレーションは世界のさまざまな展覧会で発表されている。

interview

Christian Fennesz

フェネス
——リュウイチは私に静けさと空間の大切さを教えてくれました。

質問・構成：野田努
by Tsutomu Noda
通訳：青木絵美
translated by Emi Aoki

ウィーン在住のクリスチャン・フェネスが情感豊かで美しい『Endless Summer』（01）によってエレクトロニカのシーンで注目を集め、広く賞賛されたおよそ2年後に、2人は出会っている。クラシック音楽を学び、絶対音感を持つフェネスは、坂本龍一の共演者であると同時に友人であり、よき理解者でもあった。それがゆえ質問によっては長い沈黙があり、深い喪失感を露わにしながら、彼の最大限の敬意が言葉の端々から感じられる取材だった。

——いつどんな風に彼の死を知りましたか？

F　彼は長い間、闘病生活を送っていましたから、死が近づいているということは周知のことでした。コンサートのためにスウェーデンのマルメにいた時、彼のパートナーが連絡をくれました。ちょうどこれからステージに上がるところでしたから、とても辛かった。彼の死が公式に発表される1日か2日前のことでした。

——Fennesz + Sakamotoとしてのプロジェクトは、2004年11月にローマで開催された〈Romaeuropa Festival〉におけるライヴ・パフォーマンスに端を発していますが、そもそも2人はどのようにして知り合ったのでしょうか？

F　それが面白い話なんです。私は2003年、フリー・ジャズや即興演奏で知られるキース・ロウとアメリカをツアーしていました。ツアー中の

NY滞在時に、当時一緒に仕事をしていたディヴィッド・シルヴィアンがリュウイチに連絡を入れてくれて、私がNYに来ていることを伝えてくれたんです。するとリュウイチは私に電話をくれて、スタジオに招待してくれました。私たちは一日中スタジオで過ごし、そこで音楽を演奏したり、話をしたり、食事をしたり、ワインを飲んだりしたんです。とても素晴らしい日でした。今後も一緒に音楽をやろうということになって、その時彼が、「ローマで一緒にライヴをやろう」と提案してくれました。私は、「でも演奏する曲はまだ何もないけれど」と答えました。それでも彼は一緒にライヴをやろうと言い、そして実際にやったんです。私たちがスタジオで一緒に音楽制作や作曲を始めたのは、そのライヴが終わった後のことでした。

私がウィーンに引っ越しをした80年代初頭、映画館で『戦場のメリークリスマス』を観たんです。映画自体も素晴らしいと思いましたが、サウンドトラックにより衝撃を受けました。こんな音は、それまでに聴いたことがありませんでしたから。

――ライヴの準備期間もなかったようですが、リハーサルはあったのでしょうか？

F　いえ、まったく何もありませんでした。何の準備もなく、ラップトップ2台だけで、すべてをフリースタイルでやりました（笑）。私は不安でした。どこかのクラブで即興音楽をやるのとは訳が違うんです。大きなコンサートホールで、大きなフェスティバルで、大勢のオーディエンスの前でしたから。リュウイチはとてもタフな人でしたね。彼は、そんなことは何も気にしていない風でした。彼にとって演奏することは、ただただ楽しい行為だったのでしょう。

――とくに共感し合ったところはどんなところでしょうか？

F　彼との交流が始まり、一緒に音楽制作をするようになってしばらく経ち、NYの家に行ったりもして、『Cendre』（07）の制作に入る頃には、私たちの間には友情関係が生まれていました。NYでは多くの時間を一緒に過ごし、たくさん話し、毎晩のように出かけました。2人の共通点について言えるのは、私たちはともにロマンティックなミュージシャンだということです。そして、私が彼から学んだことは、音楽に静けさ（silence）と空間（space）を入れるということ。私はそれまで、自分の音楽を速く進め過ぎていたんです。彼は、そんな私に静けさと空間の大切さを教えてくれました。

――あなたは彼のことをどのようにして知ったのでしょう？

F　私がウィーンに引っ越しをした80年代初頭、映画館で『戦場のメリークリスマス』を観たんです。映画自体も素晴らしいと思いましたが、サウンドトラックにより衝撃を受けました。こんな音は、それまでに聴いたことがありませんでしたから。『ブレードランナー』のサウンドトラックを担当したヴァンゲリスが同じ領域にいたのかもしれませんが、個人的にはこちらの方が素晴らしい

**リュウイチは素晴らしい人で、
素晴らしい友でしたが、
彼は気が長い方ではありませんでした。
「まだできないのか?」と
催促されましたよ（笑）。
私は、「いやだって、すごく難解なんだ」と
答えるしかありませんでした（笑）。
だから『Flumina』は、
『Cendre』とは違った作業による
違ったプロジェクトだった
と言えるでしょう。**

と思いました。とにかくそれがきっかけで私は彼を知ることになり、彼のレコードを買って、ディヴィッド・シルヴィアンやジャパンのレコードも買うようになったんです。YMOのレコードを買ったのはずっと後のことでした。

——彼はあなたの音楽についてどんな話をされましたか?

F　いろいろなことを話しました。たとえば、2005年にリュウイチのソロ・ツアーがあって、私はそのバンド・メンバーとしてギターとラップトップを演奏しました。その時のリハーサルで彼が私に「もっとピッチを上げてもいいんじゃないかな?」と言ったことがあって、私もたしかにそうだと思ったんです。また、彼は私のアルバム『Endless Summer』や『Venice』に収録されている〝Rivers of Sand〟という曲に関心を示してくれていましたが、しばらくの間、逆に私は少し不安になってしまったんです。私が、彼と同じくらい良いメロディを作曲しているのかもしれないということについて（笑）。いやもちろん、彼の方が上です。彼の方が絶対に上なんです。

——『Cendre』は今でも人気作のひとつですが、これはどのように制作されたのでしょう?

F　私たちは互いに音源を送り合っていました。私は、彼のためにエレクトロニック・ミュージックのトラックを作り、その上にピアノを弾きやすい形にして、送りました。すると彼がピアノを加えたものを返してくるというやりとりが、少なくとも1年は続いていたと思います。そしてその音楽について話し合い、最終的にはNYで会って、彼のスタジオでレコーディングしました。

——2011年に〈commmons〉からのリリースとなった『Flumina』も、同じような過程で作られたのでしょうか?

F　違います。『Flumina』の方が難しかった。当時、リュウイチはソロでピアノ・ツアーを行なっていて、公演の最初には毎回、異なる調（キー）で即興の音楽を弾いていました。つまり、最終的には、西洋音楽の枠組みにおける24の調で演奏していたんです。これはすごいことなんですよ。多くの人はそれに気付かなかったかもしれません。私も実際に音源をちゃんと聴くまで気付きませんでした。すべての楽曲が24の異なる調で演奏されていたことに。バッハの「平均律クラヴィーア曲集」みたいなものですが、それがその時の彼のアイデアでした。彼はその即興音楽を私に送ってきました。24の異なる調で演奏された、ピアノの即興音楽をベースにアレンジメントするのは非常に難しかった。時間がかかりました。リュウイチは素晴らしい人で、素晴らしい友でし

たが、彼は気が長い方ではありませんでした。「まだできないのか？」と催促されましたよ（笑）。私は、「いやだって、すごく難解なんだ」と答えるしかありませんでした（笑）。だから『Flumina』は、『Cendre』とは違った作業による違ったプロジェクトだったと言えるでしょう。でも、結果としては非常に満足するものができました。意味をなす作品だと人びとが思うかどうかはわかりません。けれど、このアルバムが素晴らしい作品だということは時間が証明してくれると思っています。『Cendre』ほどキャッチーでポップではありませんが、個人的にはとても良い作品だと思います。

――曲名をすべて数字にしたのは何故でしょう？

F　リュウイチのアイデアでした。あの時は彼が、数字を使いたいと強く主張してきたんです。もしかしたら、彼が即興演奏したピアノ音楽の調性に関係しているのかもしれません。数学のように捉えていたんでしょうね。『Flumina』はエモーショナルな即興音楽ではなく、完全なマス（数学）・ミュージックでした。

――あなたはいろいろなアーティストと共作していますが、あなたから見て坂本龍一とはどんなアーティストでしたか？

F　そうですね……（沈黙）。彼は最高でした……それに尽きます。私は、その時代の素晴らしいミュージシャンたちと数多く共作する機会がありましたが、彼は優れていました。彼の音楽性はこの世のものではない、と感じます。

――彼はポップスから実験音楽、クラシックまで、いろいろな音楽をやってきた人ですが、彼のもっとも本質的なものが凝縮されているのはどの作品だと思いますか？

F　難しい質問ですね……。私は、彼の初期のソロ・アルバムやサウンドトラック作品ではないかと思います。彼のサウンドトラック作品は実に見事です。たとえば『The Sheltering Sky』や『The Last Emperor』のような作品。先日は、彼がオーケストラの指揮を取って『The Sheltering Sky』を演奏したものを聴いていましたが、とても素晴らしいと思いました。私もオーケストラと仕事をしたこともありますが、私は、彼がどうやってこの作品をつくり上げたのかを知りたいです。

ほかに思いつくのは……そうですね、日本に滞在した時に、2人で一緒に“Kizuna”という曲を演奏したことがありました。ピアノとギターだけの曲で、〈Touch〉のコンピレーション『Touch: Isolation』（20）に収録されています。もとはリュウイチが作曲した曲で、私がそれに合わせて演奏しました。その時の演奏をつい先日聴き直していたんですけれど、あらためて、とても美しいと思いました。ただ、好きな作品は常に変わるものです。私はいまでも彼の作品をいろいろとチェックしているし、彼はいまでも私にいろいろなことを教えてくれます。

――いまでも彼から学んでいるというのは素晴らしいことですね。

F　本当です。私は普段は傲慢で、自分より優れている奴などいないと思っているような嫌な奴なんです（笑）。けれど、彼は私より優れていました。

――もし彼ともう1枚アルバムをつくれるとしたら、どんな作品をつくってみたかったでしょうか?

F そうですね。最高に素晴らしいクラシックのアルバムを一緒につくれたと思います。サウンド的には『Cendre』に近いもので、それよりもさらに良いものを。

――もっとも思い出に残っている坂本龍一について教えてもらえますか?

F 2005年のツアーに向けて、東京のリハーサル・スタジオでフルバンドとリハーサルをしていた時のことです。日本のリハーサル場面ではよくあるように、大勢のスタッフが周りにいて、彼らはラップトップを広げたり、携帯をいじりながら周りに座っていました。30人かそれ以上の人がいたと記憶しています。私たちは演奏をしていて、ピアノの演奏があり、フルバンドの演奏がありました。すると突然、地震が起きたんです。震動の音が聴こえるくらいの、かなり大きな地震でした。多くの人たちがパニックになって、外に逃げ出しました。リュウイチ・サカモト以外は。そう、彼はピアノを弾き続けていました。恐れ知らずの人でした。恐れるものは何もなかったのでしょう。見事でした。

クリスチャン・フェネス／Christian Fennesz
フェネスの名義で知られているクリスチャン・フェネス（1962年生まれ）は、90年代後半のオーストリアはウィーンのテクノ・シーンで、ギターをラップトップ・コンピュータに接続し加工されたサウンドによって頭角を現している。97年のソロ・アルバム『Hotel Paral.lel』、99年のジム・オルーク、ピーター・レーバーグとの共作『The Magic Sound Of Fenn O'Berg』などによって脚光を浴び、01年の『Endless Summer』によってその評価を揺るぎないものにした。その後も現在にいたるまでコンスタントに作品をリリースし、活動を続けている。

©Giuseppe La Spada

interview

Taylor Dupree

テイラー・デュプリー——私たちは2人とも人生や自然の儚さにもともと惹かれていた。

質問・構成：三田格
by Itaru W. Mita
訳：下村雅美
translated by Masami Shimomura

21世紀の坂本龍一は数多のミュージシャンと数え切れないほどの即興ライヴを行ってきた。その中で最もアルバム化されたものが多く、様々なセットでライヴを行なってきたコラボレーターがテイラー・デュプリー。微細に変化し続ける音の波と小さなゴミを取っているようにしか見えない演奏風景。坂本の訃報が流れた夜、世界中の優れたミュージシャンをサポートしてきたオンライン・ストリーミング・プラットフォーム、ボイラー・ルームは坂本とデュプリーが2013年にロンドンのセント・ジョンズで行ったパフォーマンスをユーチューブに開放した。

——坂本さんと最後に話したのはいつでしたか？　何について話したのでしょう？

TD　彼とはパンデミックの前から会っていませんでした。私たちは2022年の11月に東京で会おうとしたのですが、彼にはそれができなくなってしまいました。音楽やプロジェクトのアイデアについて、時折メールのやり取りをしていましたが、2022年中はあまり彼に負担をかけたくなかったので、体調の回復に専念してもらいました。

——あなたと話しているときに坂本さんには何か口癖がありましたか？

TD　口癖はなかったと思います。私たちはただ友人で、彼が私を他の友人と違うように扱っていたとは思いません。いつもリラックスしていて自然体でした。

——あなたが坂本さんの音楽に触れたきっかけは何でしたか？　また、坂本さんの作品から離れられなくなる契機となった作品はありましたか？

TD　YMOはもちろん、若い頃から彼の音楽を知っていました。90年代の『Neo Geo』のような作品も知っていましたが、2000年代に入り、よりエレクトロニックな作品が増えてきてから、私の心にとても響くようになり、音楽的にも当時の自分とつながりました。私が1番好きな彼のアルバムは『12』かもしれません。とても力強くて深みのある音楽だと思います。おそらく、彼の最後の作品だからでしょう。

2000年代に入り、よりエレクトロニックな作品が増えてきてから、私の心にとても響くようになり、音楽的にも当時の自分とつながりました。私が1番好きな彼のアルバムは『12』かもしれません。とても力強くて深みのある音楽だと思います。

——坂本さんと仕事をするようになったのは『Bricolages』のリミックスが最初でしたか？

TD　一番最初は、彼のプロジェクト「Chain Music」（注＊イラク戦争が起こった際、前の人がつくった音楽に続けて指名された人が音を足していくというネット上の連歌を坂本が企画したもの）のための音楽でした。それがきっかけで〝World Citizen〟のリミックスに繋がったのですが、これは本当に素晴らしい経験でした。リュウイチを知るだけではなく、デイヴィッド・シルヴィアンのヴォーカルを使って制作できたのです。それがその後のコラボレーションやパフォーマンスにつながるとは思ってもいませんでした……。彼はとてもフレンドリーでした。

——坂本さんはあなたが手掛けているレーベル、〈12k〉のリリースをほぼすべて聴いていたと聞いています。〈12k〉の何がそれだけ坂本さんを引きつけたのだと思いますか？

TD　リュウイチは、〈12k〉の音楽が静かで非常に焦点が絞られているところに魅力を感じていたのだと思います。その音楽は、時に彼自身の性格にも似ていて、たぶん〈12k〉の音楽の中に彼自身を見出したのかもしれません。

——2人のコラボレーション『Disappearance』が生まれるまでの経緯を教えてください。『Disappearance（減衰）』というタイトルは誰がつけたのでしょう？

TD　私たちが初ライヴをした後、おそらく自然な流れで一緒にスタジオでアルバムをつくることになったのだと思います。事前に計画したわけでもなく、プレッシャーもありませんでした。私たちはニューヨークの彼のスタジオでレコーディングと即興演奏を始めました。タイトルの由来は覚えていないのですが、私たちは2人とも減少というアイデアや、人生や自然の儚さにもともと惹かれていたので、このタイトルは私たちの音楽に合っているように思えたのです。

——1曲完成するまでに平均何テイクかけましたか？　坂本さんがダメ出しをする時の基準のよ

彼の揺るぎない音への探求心と、
人生の一瞬一瞬を生きる情熱に、
私は強く感銘を受け、触発されました。
彼は、レコーディング、作曲、旅行、
また、自分が信じる
大義のための戦いなど、
彼にとって意味のあることを
常にしていました。

うなものはありましたか？

TD　曲をつくるプロセスは、音を集めて、彫刻のようにコンポジションを構成するというものでした。それは継続的で流動的な作業でした。曲が完成するタイミングは、私たちがちょうどいいと感じたときだとお互いに理解できるようになりました。そのプロセスは、私が他のコラボレーターと仕事をするときとそれほど変わりません。

――2000年から続けられていた「Alva Noto＋Ryuichi Sakamoto」の連作から学ぶことはありましたか？

TD　カールステン（＝Alva Noto）とリュウイチは2人とも私の友人で、彼らのコラボレーションを見ることは素晴らしいことでした。私にとってこれは、リュウイチが新しい形の音楽の刺激的なサウンドを彼のレパートリーに取り入れ、全く新しい世代のリスナーに彼自身と彼の音楽を広めた始まりでした。これはリュウイチのその後のキャリアにおいて、非常に重要なステップであり、おそらくもっとも重要なものだったと思います。

――あなたと坂本さんはライヴ盤のリリースが他の方との組み合わせよりも多いのは何か理由がありますか？

TD　私にもわかりません！　ただ、私たちはコンサートを録音するのが好きで、それがうまく形になった時に、リリースという形で記憶を残すことが重要だと思ったのではないでしょうか。

――坂本さんとの演奏はすでに頭の中にあるイメージを具体化する感覚が強いですか？　それとも未知のものを探り当てるような感覚が強いですか？

TD　どちらかというと未知のものを探り当てるような感じでした。私たちはお互いの音楽やおおまかな雰囲気、使用している音や楽器を知っていましたし、お互い長年の制作経験があるからこそ、ただ音に身を任せることに心地良さを感じたのだと思います。

――坂本さんとのパフォーマンスはあなた個人の『Northern』や『Faint』に比べて緊迫感が高くなったと思うのですが、そういったテンションを持ち込んだのは坂本さんだという理解でよろしいでしょうか？

TD　彼のピアノのスタイルと卓越した演奏は、私の音楽にまったく新しいものをもたらしたと思います……。おそらく私は「ついていかなければならない」、もしくは「彼の専門分野の中で制作しなければならない」という感覚があるのかもしれません。私はこの緊張感が好きで、だからこそコラボレーションは私にとって非常に重要なのです。ミュージシャンがお互いに新しいものをもたらすことができた時、最高のものとなるからです。

――あなた方2人にILLUHAを加えた『Perpetual』は誰のアイデアから生まれたのでしょう？

TD　あれはリュウイチがアーティスティック・ディレクターを勤めたＹＣＡＭの10周年記念企画の一環で行われたコンサートでした。私はジャパン・ツアーの最中で、山口で全員揃うことができました。私は以前、ＹＣＡＭで演奏したことがあり、リュウイチもそこでインスタレーションを行ったことがあるので、ＹＣＡＭは私たちの共演をとても喜んでくれたと思います。このコンサートの時間は、私のキャリアの中でも最も記憶に残るものでした。

——坂本さんと作業をする上で、坂本さんにわかってほしかったけれど、わかってもらえなかったなと思うことは何かありますか？

TD　一度もそう思ったことはありませんでした。彼の持っている知識や教えにとても感謝しています。

——誰かほかの人のライヴやコンサートを坂本さんと観に行ったりしましたか？　音楽以外のことではどんな話しを多くしましたか？

TD　他のコンサートに一緒に行ったことはないと思います。私たちは日本人アーティストの青葉市子のことをよく話していました。私は彼女のキャリアの初期から知っていて、リュウイチに彼女を紹介したのだと思います。彼も私と同じように彼女の才能を素晴らしいと感じていました。

——坂本さんが作曲を学び始めたのは10歳の時ですが、会えるとしたら何歳の時の坂本龍一に会ってみたいですか？　14歳の時には自分はドビュッシーの生まれ変わりだと思っていたそうです。

TD　リュウイチのキャリアが興味深い道を歩み、常に自分の限界を押し広げている当時を目の当たりにしたことは非常に幸運だったと思います。時々、彼とデイヴィッド・シルヴィアンやＹＭＯとのスタジオ・セッションの映像を見ることがありますが、私もそのセッションに参加したかったです。

——坂本さんがユーモラスな存在だということは日本では広く知られています。あなたが感じた坂本さんのユーモアにはどんなものがありますか？

TD　彼がとてもユーモアのある人だということは知っていましたし、日本のテレビで彼の映像を見たこともあります。確かに私の周りではリラックスしてふざけることもありました。

——坂本さんを見ていて「日本人だなあ」と思ったことはありますか？　あるとしたらそれは何をしている時でした？

TD　あまりそういうことを思ったことはないです。私は日本人の友人が多いので、私にとってはごく自然なことで。アメリカ人とはかなり違うことは多いのですが、その違いを語るのは難しいですね！

——あなただけが知っていると思う坂本さんのことを何かひとつ日本人のファンにも分けてください。

TD　これは答えるのが難しいです。私が知っていることがあるとしても、それはとても個人的なことなので共有したくないかもしれません……。たぶん日本のファンは私よりもっと彼のことを知っていると思いますよ。

——坂本龍一はあなたにとってどんな存在でしたか?

TD　彼の揺るぎない音への探求心と、人生の一瞬一瞬を生きる情熱に、私は強く感銘を受け、触発されました。彼は、レコーディング、作曲、旅行、また、自分が信じる大義のための戦いなど、彼にとって意味のあることを常にしていました。これは、誰にとってもあるべき生き方です。彼はこのようにインスピレーションを与えてくれる存在でした。

——そして、最後に坂本さんと過ごした最高の日のことを教えてください。

TD　これは答えるのが難しい質問ですが、私がよく思い出すのは、山口のYCAMでのコンサート(アルバム『Perpetual』になった)の後、みんなで一緒に食事をしたことです。リュウイチが好きだったジョルジュ・ムスタッシュというレストランで、友人たちと一緒に忘れられない美しい時間を過ごし、たくさん笑いました。この夜の彼は特に面白かったのを覚えています。

テイラー・デュプリー/Taylor Deupree
1971年生まれ。ニューヨーク在住のテイラー・デュプリーは、90年代前半からテクノ・シーンにおいて活動をはじめている。97年にレーベル〈12k〉を始動させ、ゼロ年代以降の先鋭的なミニマル/アンビエントのシーンにおいて影響力を発揮する。グリッチなミニマルを特徴とする彼の作品は、ベルリンの〈ラスター・ノートン〉やフランクフルトの〈ミル・プラトー(Mille Plateaux)〉といったカルト的な人気を誇るレーベルからもリリースされている。

Photo by zakkubalan ©2022 Kab Inc.

interview

Keigo Oyamada

小山田圭吾
——坂本さんの音楽は一生ずっと聴き続けるだろうし、そのときどきでいろいろなことを思うだろうな

取材・構成：野田努
by Tustomu Noda

METAFIVEのライヴを観たとき、これは後期YMOの延長と言えるのではないかと思ったことがある。ステージ中央では高橋幸宏がドラムを叩きながら歌っている。両脇には砂原良徳と小山田圭吾、後方にはテイトウワがいる。勿論、細野&坂本の代役などいないわけだが、そこには受け継がれているものがあるとは思った。とはいえ、コーネリアスになると話はまた別であると、表面的にはそう思う。が、彼は2000年代のYMOのサポートメンバーであり、『Chasm』においては共演者である。坂本龍一と小山田圭吾はある時期から確実に共振していた。創造行為においても、そして感情的なレベルにおいても。

——坂本さんとの出会いは、スケッチ・ショウがきっかけ?

小山田　そうです。スケッチ・ショウのツアーで、僕ギターやってたんですけど、最終日に坂本さんがゲストで来たんです。アンコールで何曲か一緒にやったのかな、〝Cue〟とか。2003年でしたかね。そこから繫がっていった感じです。

——それがあって『Chasm』へ参加した?

小山田　コーネリアスで『Point』をリリースしたときに、細野さんのラジオ番組に出させてもらったことがあったんです。収録が終わったあとに細野さんから「今度、幸宏のプロデュースをや

るんだけど、もしかしたら何か手伝ってもらうかも」みたいなことを言われて、それがスケッチ・ショウになったんだと思います。僕はファースト・アルバムには参加していないんですけど、アルバムが出たときにスケッチ・ショウのラジオ特番に呼ばれて行ったら、今度は「ツアーやりたいんだけど、ギター弾いてくれない？」って本番中に言われて（笑）。そこから参加することになりました。いままでサポート・ミュージシャンのようなことはやったことがなかったので、「できるかな……」って不安だったんですけど、声をかけてもらって嬉しかったし、僕にとっては転機になりました。

スケッチ・ショウのときですけど、坂本さんと会う前、細野さんと幸宏さんが「教授はね、めちゃくちゃ怖いから」「気をつけたほうがいいよ」って、なんか脅かすんですよ。「昔、Prophet-5を思いっきり投げたこともあるんだよな」とか（笑）。

――それが後にＹＭＯにも参加することになる、始まりだった？

小山田　細野さんとは、コーネリアスを始めたばかりの頃に会っているんです。僕のはとこが細野さんと親しくて、彼の家に行ったら細野さんがいたことがあって、帰りに細野さんが車で送ってくれたんですけど、すごく緊張していたので何を喋ったのかは覚えていない（笑）。それ以降、道で偶然会ったりすると、少しずつ話すようになったんですけどね。ただ、90年代は何かを一緒にやったりとか、創作のことで話したりすることはありませんでした。細野さんが『Point』を気に入ってくれて、ラジオに呼んでくれて、それが始まりでしたね。

――坂本さんの第一印象は？

小山田　スケッチ・ショウの時ですけど、坂本さんと会う前、細野さんと幸宏さんが「教授はね、めちゃくちゃ怖いから」「気をつけたほうがいいよ」って、なんか脅かすんですよ。「昔、Prophet-5を思いっきり投げたこともあるんだよな」とか（笑）。だから、けっこう緊張していたんですけど、実際に会ったら普通に優しくて（笑）。

――（笑）それは笑える。

小山田　ただね、やっぱり、3人揃ったときの空気感は独特でした。楽屋に3人と僕になったことが何回もあったんですけど、そういうときは普通なんですが、周りにスタッフさんがいるときはピリっとするというか、特別な感じはありました。

――実際に出会う前まで、坂本さんの音楽は聴いていました？

小山田　もちろん好きなアルバムや好きな曲はありました。まりん（砂原良徳）がいろいろ教えてくれたのが大きい。まりんと仲良くなったのは90年代の半ばぐらいなんですけど、ＹＭＯについてはまりんからいろいろと教えられました。彼が一から叩き込んでくれましたね。

――「まずは○○から聴け！」みたいに言われた作品は？

小山田　たぶん『B-2 Unit』でしたね。いろいろ聴かせてくれましたね、『音楽図鑑』もそう。

**〈sonar〉で一緒だったとき、
坂本さんとアルヴァ・ノトの
ステージを観に行ったんですけど、
それが本当に素晴らしかった。
ヨーロッパの知的で
洗練された大人の
オーディエンスが多かったんですが、
もうみんな熱狂していて……
本当にすごいなと。**

まりんから80年代の作品を中心にいっきに叩き込まれました。

——80年代の作品はほとんど良いですからね。

小山田　素晴らしいです。坂本さんが亡くなってから、このところずっと聴き返したりしてたんですけど……もう、全般にわたっていろいろ聴いています。最近は、あまり聴いていなかった90年代前後の作品もあらためて聴いていますね。『Sweet Revenge』とか『Beauty』とか。

——『Beauty』も名作のひとつだよね。

小山田　いま聴いても発見があるし、「こんな人が参加してたんだ」みたいなとか。80年代の作品も毎回全然違うことをやっているんだな、ってこともあらためて理解しました。

——とくに好きなアルバム、曲は？

小山田　もちろん『B-2 Unit』は好きだし、あと『音楽図鑑』と『Esperanto』。その3枚はとくに好きですね。

——『B-2 Unit』はもちろんだけど、『Esperanto』も海外で人気あるよね。コード9（UKダブステップの知性派）も一番好きなアルバムだと言っている。

小山田　『Esperanto』はね、いまっぽい。たぶんOPNとかその世代の人たちも影響受けているんじゃないですか。あと最後になってしまった3枚、『Out of Noise』、『async』と『12』も大好きです。というか、2000年代以降の作品は全部好きです。『async』にいたってはもう、本当に坂本さんの音楽だなっていう、純度が極まりましたよね。そういえば、『L.O.L（LACK OF LOVE）』というアルバムに入ってる〝Dream〜夢のパピー〟という曲があるんですけど、いま（5月1日時点）Spotifyの坂本さんのページを見ると3位ぐらいの再生数なんです、僕は全然知らない曲だった。ゲームのサントラで、いまなぜか世界中で再生されてるんです。聴いてみたらたしかに良かったんですよ。こんな素晴らしい曲が隠れてたんだ、と思いましたね。

——音楽のレンジがとても広いですからね。

小山田　めちゃくちゃ広いですよね、すべてと言ってもいいぐらい。

『Chasm』でひとつモードが変わった

——さっきの話に戻ると、スケッチ・ショウでギターやって、そして交流が生まれていくなかで、音楽的な話もしましたか？

小山田　そんなにはしなかった。世間話の方が多かったかもしれない（笑）。たまにそういう話になることもありましたけどね。

——たしかゼロ年代のどこかのインタヴューで、坂本さんか細野さんのどちらかに、「最先端の音楽はもうコーネリアスに任せてるから」みたいな発言があったんですよ。

小山田　それはね、ちょっとイジりが入っているんです。ふざけてそういうことを言うときはありました。とくに「YMOのリーダー」というイジりがけっこうあったんです（笑）。

――（笑）。ちなみに、坂本さんから『Chasm』に誘われたときはどんな感じだったんですか？

小山田　中目黒にあった当時の僕のスタジオに坂本さんが来てくれたんです。で、素材録りみたいな感じで、坂本さんが用意してきた曲の断片に合わせた即興演奏をしたり、僕がギターを弾いたり、ふたりでなにかやったり、というのを1日中やりました。それを坂本さんが持ち帰って編集した、という感じのレコーディングだったんですよね。だからどういうものが出来上がるかは全然わからなかった。坂本さんが用意してきたバックトラックが多少あるだけで、坂本さんから「何かアイデアある？」と訊かれて、僕の思いついたことをやっていったような感じです。

――事前に「こういうコンセプトでアルバムをつくる」といったような話もなく？

小山田　なにもなかったですね。曲の断片だけを持ってきて、それに対しどうアプローチするか、みたいな。そのなかで多少リクエストはあったと思いますけど。

――じゃあ、坂本さんのなかではたぶん構想があって。

小山田　そうだと思いますね。

――『Chasm』は、坂本さんの名作の1枚だと思いますか？

小山田　思いますね。2000年代に入って、あれでひとつモードが変わった感じがあります。スケッチ・ショウの影響もあったと思う。あそこで3人がまた自然に合流した感じがする、というか。当時のインタヴューでも3人で言っているんですけど、90年代の再結成のときはギスギスしていたと。積極的に集まった感じではなかったそうですね。でも、スケッチ・ショウ以降のYMOは、自然発生的に始まっていると。『Chasm』を出してからの坂本さんの、たとえば〝War & Peace〟とか〝undercooled〟とか、とくに〝War & Peace〟かな。筑紫哲也さんのニュース番組で、坂本さんが9・11以降のイラク戦争の話をして、最後に（〝War & Peace〟を）やるっていう時に細野さんと幸宏さんと僕とで演奏しました。そしてそれが、やがてHASYMOになっていった。最初〈Sketch Show+Ryuichi Sakamoto〉名義だったのが、スペインの〈sonar〉に出たときには〈Human Audio Sponge〉という名義になった。

――スペインの〈sonar〉は国際的に評価の高いエレクトロニック・ミュージックのフェスティヴァルの老舗ですが、そのときは主演者のほとんどが、「日本からのレジェンド」ということで、ステージを観ていたと聞いています。

小山田　名前はYMOではなかったけど、3人が海外で演奏したのが久しぶりでしたからね。そのときはエレクトロニカっぽいセットで、幸宏さんは、チュッパチャップスみたいなやつでパッドを叩くようなステージだった。そこからヒューマン・オーディオ・スポンジやHASYMOになっていって、もうめんどくさいからYMOでいいや、って感じになった頃から僕は合流しました。

――どうでしたか、YMOのサポートメンバーになって。

小山田　とても楽しかったですね。けっこうライヴをやったと思います。幸宏さんが主宰した〈ワールド・ハピネス〉、坂本さんの主宰した反原発の〈NO NUKES〉、ハリウッドボール、フジロック、サンフランシスコ公演……、最後に3人で演奏したのが2018年に細野さんがロンドンでライヴやったときでしたね。たまたま僕と教授が同じ年のスペインの〈sonar〉に出ていたので、終わってから僕はロンドンに行って、教授も別経由でロンドンに行って、幸宏さんは日本からロンドンまで観に来ていました。だからたまたまロンドンに3人が集まったんです。それで、細野さんのライヴを観ていたら、アンコールで僕らが呼ばれて、みんなで〝Absolute Ego Dance〟をやったんです。それが3人が一緒に演奏した最後だったと思います。僕が坂本さんに会ったのも、その日が最後だったかもしれない。

――その時の坂本さんはどんなでしたか？

小山田　とても元気でした。癌を患って、そのときは治っていた時期だったから。〈sonar〉で一緒だった時、坂本さんは僕らのショウを観に来てくれて、僕も坂本さんとアルヴァ・ノトのステージを観に行ったんですけど、それが本当に素晴らしかったんです。演奏した場所が野外の古いコロッセオみたいな円形劇場で、ちょうど日が落ちるぐらいの頃に始まって、ヨーロッパの知的で洗練された大人のオーディエンスが多かったんですが、とても静かな音楽なのにもうみんな熱狂していて……本当にすごいなと。ちょうど会場の裏が、教授が指揮を担当したバルセロナ・オリンピックの開会式のスタジアムで、MCではそんな話もしていましたけど、僕はそのとき初めて坂本さんを海外で観て、本当に世界から愛されてるんだなという事実をリアルに知りました。

1日1回は必ずなにか
坂本さんについてのことが心にある

――坂本さんから言われた言葉で記憶に残っているものってなにかありますか？

小山田　坂本さんは、僕のことを「（YMOの）リーダー」って呼ぶイジりを気に入っていました（笑）。

――（笑）

小山田　それはよく覚えてます、言い出したのは細野さんなんですけどね。ことあるごとにそういうイジりがありましたね。だから、楽しい思い出が先に出てきますね。いろいろお世話になったし、炎上のときもすごい気にかけてくれたし。

――あれは、僕も感動しました。

小山田　もっとも炎上している渦中のなか、病床からああいうことを言ってくれるって、あり得ないことだなと思いました。……そういう器のデカさというか、政治的な活動もそうですけど、正直面倒なことも付きまとうじゃないですか。僕が炎上しているときもそうですけど、僕は坂本さんに迷惑をかけてしまった。だけど坂本さんは「炎上なんて慣れてるから」って感じなんです。

――坂本さんから学んだこと、教えられたことがあるとしたら、それはなんでしょうか？

小山田　たくさんあります。けど……言葉にするのは難しいな。音楽的な部分は作品からいろいろ学べるし、精神的な部分は坂本さんの人となりから学べて、いろいろな要素を全部含めてですよね、関わって見せてもらったものや一緒に過ごしてきたなかで自分なりに感じたことは本当にたくさんある。坂本さんの音楽は一生ずっと聴き続けるだろうし、そのときどきでいろいろなことを思うだろうな。

――訃報はどういうふうに知りました？

小山田　その日は蓮沼執太くんのライヴが武満ホールであって、終わった帰りにネットニュースで。ちょうど今年のお正月、坂本さんがずっとやられてたラジオ番組「RADIO SAKAMOTO」の代役を僕がやったことがあったんです。そのときのゲストが大友良英さんで即興演奏の話で盛り上がって、今度一緒にやろうとなった。で、これはそもそも坂本さんが繋いでくれた縁だから、参加してもらおうと、ただ、闘病中で難しいだろうから、未発表のスケッチ音源がもしあれば使わせてもらえないだろうかという話になって、ダメ元で訊いたら3月の後半に音が届いたんです。

――それは嬉しい知らせでしたね。

小山田　嬉しかったですね。まだ元気なんだなと思ったから。だから、その直後のことだったので、やっぱり……。幸宏さんのこともあったし、親しくしてもらってたグラフィックデザイナーの信藤三雄さんも亡くなったばかりで、2人のショックから立ち直りきる前に次は坂本さんだったので……。

――きつかったですね。

小山田　だから、毎日必ずなにか坂本さんについてのことが心にある、そんな感じですね。人に会っても、やっぱり坂本さんの話になります。訃報を知って2～3日はまったく聴けなかったんですけど、最近はずっと坂本さんの音楽を聴いている。幸宏さんの時もそうでしたが、坂本さんはたくさん作品を出していたし、まだ知らないことが多いんです。

――死を覚悟してからの坂本さんをどう見ていましたか？

小山田　デイヴィッド・ボウイじゃないけど、ある意味、あんなにかっこよく死と向き合える人、なかなかいないと思います。

――「坂本さんらしさ」ってどういうところだと思います？

小山田　いろんなパターンがあると思うんですけど、とくに好きなところは和声とメロディの展開

YMOのオーケストラの部分って、やっぱり教授のものだったな、と思います。イエロー・マジックは細野さんだけど、〝Rydeen〟や〝Technopolis〟なんかのYMOのオーケストレーションの要素は教授でしょう。

です。独特だし、ちょっとやそっとじゃ真似できない。「坂本さんらしさ」って、そこに前衛的なものも共存していること。

——坂本さん亡き後、もうコーネリアスしかない、という意見もありますが。

小山田　それは無理です（笑）。僕だって「坂本さん亡き後の日本の音楽シーンどうなっちゃうんだろう？」という感じです。細野さんにいつまでも頼っているわけにもいかないけど、幸宏さん、坂本さんがいないと、層がだいぶ薄くなってしまった印象がありますよね。

——なおさらコーネリアスが。

小山田　いや、重すぎます、無理です……。坂本さんと自分には、多少は共通する部分もありますが。でも、坂本さんのように、アカデミックな教育を受けたうえでポップ・ミュージックの世界で活躍した人は、世界的に見てもなかなかいない。『B-2 Unit』は、当時はニューウェイヴの文脈で聴かれていますが、アカデミックな音楽とああいうポスト・パンクの両方をわかっている人って、なかなかいなかった。世界的に見ても稀有な人だったと思います。

——幸宏さんや細野さんはもとはロックの人だから。

小山田　ＹＭＯのオーケストラの部分って、やっぱり教授のものだったな、と思います。イエロー・マジックは細野さんだけど、"Rydeen"や"Technopolis"なんかのＹＭＯのオーケストレーションの要素は教授でしょう。

——クラシックをやっていた人にありがちなのは、クラシックこそが音楽のなかでもっとも高貴だという、ある種の権威主義的な価値観だったりするんだけど。

小山田　坂本さんは全然そうじゃなかったですね。あらゆるジャンルを越境していましたからね。

小山田圭吾／Keigo Oyamada
フリッパーズギター解散後の１９９３年にコーネリアスとして活動開始。インディ・ロックとヒップホップ、サンプリング・コラージュ、フォーク・ロックとドリルンベース等々、多彩なサウンドをみごとに折衷させた１９９７年の『FANTASMA』によって国際的な評価得ると、２００１年の『Point』においてはさらに独自のサウンドに磨きをかけ、ライヴではヴィジュアルとの連動を見せてその世界観を完成させた。去る6月末には、２０１７年の『Mellow Waves』以来のアルバム『夢中夢』をリリースしたばかり。坂本龍一との出会いは、本インタヴューにある通り。

ZAK

interview

ZAK
——坂本さんは完全な調和に向かっていたと思います。

取材・構成　三田格、野田努
by Itaru W. Mita & Tsutomu Noda

14年間、坂本龍一のライヴPAを務めてきたZAK。耳の良さでは天にも届く名声を持つ彼をして「坂本龍一は耳がいい」という。ガンと戦いながら『The Revenant』や『Playing the Piano』をつくり上げていく坂本を間近で見ながら、坂本が伝えたいことを少しでも手伝えればと思ってきたという。昨年末に配信された『Playing the Piano 2022』の裏側、あるいは最後のアルバムとなった『12』のミックスなど、多岐にわたって坂本をサポートしてきたZAKに話を訊いた。

——『12』の話から聞かせて下さい。ZAKさんがミックスを手掛けてますね。

Z　年末に配信した『Playing the Piano 2022』というのが先にあって、その録音を9月からNHKの509スタジオでやっていて、それと並行してたんですよ。いっぺんにやっていたので、すでに記憶が曖昧なんだけど。

——もしかして最後の作品になるかもしれないと思ってやっていたんですか?

Z　もちろん覚悟はしてました。それは近年ずっとだけど。

——ああ。坂本さんが日本人にミックスを任せるのは数えてみるとZAKさんが4人目で、坂本さんというのは自分だけで完結しないで人に任せるところは任せちゃう人なんだなと改めて思ったんですけど、ＺＡＫさんは自分に求められたものは何だったと思いますか？

Ｚ　拡張というか、よりディテールに入って広げていくというか。坂本さんは入退院を繰り返していたので、最後の数ヶ月は直接、言葉を交わすチャンスはほぼなかったんです。ミックス自体は出来上がっていて、元はいわば日記なんだけど、そのままだとウソっぽく感じられるというか、聴く人が頭のなかでバイアスをかけてしまうということがあると思うんですね。それを少しわかりやすくしたというか、広く浸透していくようなものにした感じかな。

――ＺＡＫさんが聴いた時には生々しくなかったということですか？

Ｚ　生々しいんだけど、そのままだとその生々しさが伝わらないんですね。ちゃんとそれが伝わるようにしないと。

野田　息遣いとか鍵盤を叩く音はどう処理したんですか？

Ｚ　何もしない。あれはそのまま。

――音量もそのまま？

Ｚ　全体の音量バランスはそのままです。坂本さんの場合、よくあるんですけど、ミックスを返すと「終わり？」って聞かれるの（笑）。エンジニアとのコラボレーションをたくさんやってきて、人とやり取りをすることがいいことだと思ってるんじゃないかな。

――「終わり？」って言われると？

Ｚ　「ドキッ」て（笑）。いや、終わってるんだから「これで完成です」と言います（笑）。英語の「Finish?」って感覚に近いんですけど。

――坂本さん自身は、たとえばベルトルッチ監督に、録音を始める5分前に「書き直せ」と言われて、クソーッと思ったけど、やり直したらいい結果が出たということを嬉しそうに話す人なので、いいものをつくることに妥協がない人だとは思うんです。

Ｚ　それはほんとにあります。ひとつでも可能性が残っているなら、やりたいという人ですね。

――ミックスをやっていて『12』全体から聴き取れることは何でしたか？

Ｚ　人生の終わりを覚悟したから（録音を）始めているというのもあったかもしれないけど、僕に渡された時に『12』は基本的にもう出来上がっていたので、自分としては『PTP2022』をちゃんとしたものにしなきゃという責任感の方が重かったですね。録音から何から全部やりましたから。

野田　目の前に坂本さんがいて、ライヴでやっているわけですからね。

Ｚ　そう、作業としてはぜんぜんハードでした。

野田　坂本さんも1曲演奏するのが相当厳しかったでしょうから。

Ｚ　大変そうでしたね。日にもよったけど。健康

人生の終わりを覚悟したから
（録音を）始めているというのも
あったかもしれないけど、
僕に渡された時に『12』は基本的に
もう出来上がっていたので、
自分としては『PTP2022』を
ちゃんとしたものにしなきゃ
という責任感の方が重かったですね。

体である我々でも緊張する空間だったし、坂本さんは続けざまだったから。スタジオの日数も決まってて、その時間内に20曲以上やるというのは。

野田　1日1曲？

Z　いや、1日5曲だったり、録れるだけ録る感じ。何テイクも録ってたりするから。本人が残せるものをつくりたいという以上、やっぱり納得できるものにしたいし。

——見るからに体力は落ちていたわけだし。

Z　普段ならけっこう冗談を言うんですけど、それもなかなかね……。

坂本さんは自分が出している音を
常温の水のように肌で感じていくんでしょう

——いったん昔の話に戻って、そもそも最初は何だったんでしょう。『Playing the Piano 2009』が初ですか？

Z　そう、『PTP2009』。

——これはどういった経緯でやることに？

Z　それは、前任のアメリカ人のエンジニアができなくなって、「サウンド&レコーディング・マガジン」の編集長だった國崎（晋）さんから僕に連絡が来て、坂本さんがエンジニアを探してると。それで紹介されたのが最初です。『PTP2009』は『Out of Noise』というアルバムのツアーだったんですけど、僕がスタジオで使ってるモニタースピーカーがガイタインというドイツのもので、坂本さんもその時すでに使われていて、ツアーでそれを使うということになったんです。これ（と、スタジオのスピーカーを指差す）とまったく同じものが上下スタッキングされたものを片側に3機ずつつくって、それは前代未聞というか、『Out of Noise』というのはノイズや音楽という概念の問いかけみたいなアルバムだったと思うんですけど、そういう感じのサウンドを出せたんじゃないかなと。

——フィールド・レコーディングの音を出すのに向いていた？

Z　あと、生のピアノと。再現力がすごい高いので。それが始まりですね。それが2年ぐらい続いて。

——ＺＡＫさんはそれまでピアノのＰＡはやったことあるんですか？

Z　あんまりないですね。アコースティックの即興はけっこうやってたんだけど。

——ああ、内橋（和久）さんとか？

Z　そう、現場で高橋悠治さんの音を聴いたりとか。そういう意味ではいろんな国の人たちの演奏とつき合ってきたから生の音を追求している人たちのことはわかってるつもり。わかってないかもしれないけど。ま、でも、人と違う角度から見ているというのはあるかもしれないですね。良い音というのはもう自分のなかに基準があるし、坂本さんの音を出せばいいだけのことで。

——坂本さんの音の特徴というのは？

Z　その都度変わっていってるんですよ。サウンドチェックで坂本さんがピアノを弾いている時に３６０度周りをぐるぐる回りながら聴いて音量とかも決めていくんですけど、総合的に判断して。観客にはどう聴こえるかを考えて。場合によってはPA切ってる時もあるんです。

——切っちゃうんだ？

Z　坂本さんも同じこと言って笑ってました。坂本さんがやっぱりすごいのは、PAから音がうっすらと出てるだけでもわかるみたいで。音のなかに入っていくというのはだんだん常温と同じ水のなかに浸かっていくようなもんなんですよ。坂本さんは自分が出している音を常温の水のように肌で感じていくんでしょうね。めちゃくちゃセンサーが敏感なんですよ。PAから出ている音というのはだんだん沼化していくというのか。ライヴが終わって「今日、よかったですねー」とか話してたら「最後、PA切ったでしょ」と言われて（笑）。

——切る人もすごいけど、それがわかる人もすごい。

Z　お互い笑ってるんですけど、そういう楽しみ方も共感できました。ミックスもそうなんだけど、そうやって踏み込んだことをやってくれみたいなところが坂本さんにはありますね。変に奇をてらったことをしなければ楽しんでくれるんです。

——奇をてらうのはダメなんだ。

Z　いきなりダブ化するとかね（笑）。

——ああ。

Z　それは僕でもわからない。必要ないから。そういうことをお互いに理解しているというのはあったと思います。

——坂本さんのピアノって高音が多くないですか？　歳をとると高音が聞き取れなくなるというけど、そういうこともなく。

Z　いや、むしろ低音が多いよ。

——え、ほんとに？

Z　聴いている成分が違うのかもしれないけど。僕には低音がずっと聴こえている。

——そうですか（笑）。そうやって続けながら変わっていったことはありますか？

Z　坂本さんの印象はずっと変わらないですね。あんまり意識はしていなかったですけど、やっぱり途中で一回（最初の）ガンになって途絶えてるんですよね。そこから戻ってきたと思ったら、いきなり『母と暮せば』や『The Revenant』で。それまでは「Playing The Orchestra」をやったり、大貫妙子さんとの「Utau」をやったり、ずっとやってて。

——専属で。

Z　専属という言い方はともかく（笑）、まあ、そうですね。

坂本さんの頭のなかで鳴っている音がどういうものなのかは考えます。

——フィッシュマンズ＋を〈commmons〉から出したのはZAKさんが繋いだんですよね？

Z　そうですね。坂本さんにリミックスしてくださいっていったんです。面白いねぇと言ってくれました。ああいう展開が面白いと思ってくれたんじゃないかな。導入部分を坂本さんがやったら面白いんじゃないかとは前から思ってたんです。

——『The Revenant』も手伝ってますよね。

Z　ほんの一部です。あれはハードな作品でしたよね。（映画音楽は）同時に『母と暮せば』もやってるんですが、コントロールルームで僕が『母と暮せば』のミックスをやっていて、トラッキングルームには『The Revenant』がセットされてるんですよ。作曲用にピアノとか自分の機材をセットして。そっちはそっちで録音ができるようになっていて。でも、病み上がりで調子がいいわけないから、アメリカから指示が来て、戻して、直して、戻して、直してとやりながら、こんな感じでした（と、よろよろしたジェスチャー）。物凄い要求の数で本当に大変そうでした。

――そんなに直しが多いんですか。

Z　アメリカの映画はそうみたいですね。坂本さんはわかっていて覚悟はしてたみたいですけど。ほんっとに大変そうでした。

――『CODA』でも「途中で全部放り出したかった」と話してましたよね。あんまり弱音は吐かない人だと思うんですけど。

Z　ほんとにそうですよ。あの時はちょっとどうしようかと。隣の部屋で倒れてましたからね。そうしないとああいうものは生み出せないんだろうけど。

――あと、ILLUHAとテイラー・デュプリーが加わったセッション、『Perpetual』もZAKさんがミックスしてますね？

Z　ああ、YCAMでやったやつ。あれはライヴ・ミックスそのままです。とくに手は加えてない。

――テイラー・デュプリーはたいてい自分でやってると思いますけど、ほかの人が手掛けたミックスは気になりますか？

Z　聴くことは聴きます。坂本さんの頭のなかで鳴っている音がどういうものなのかは考えます。坂本さんがやりたい音なんだろうか、カールステン（＝Alva Noto）がやりたい音なのかは、聴いただけではわからないですけど。

――坂本さんの作品のなかで好きなものは？

Z　個人的には『B-2 Unit』が好きですね。デニス・ボーヴェルも好きだし。あの音の弾力性というか、すごくうまくコラボレーションしてますよね。あと、グリーク・シアターでYMOがチューブスの前座をやっている映像があって、あれはロック・バンドだと思って、坂本さんにそういったら「そうだろー」っていってましたよ。

――ZAKさんと組むようになった頃には、坂本さんはYMOの音はもう自分には攻撃的すぎると言ってました。

Z　そうかもしれないね。

――もっと優しい音を出したいということだったと思いますけど。

Z　うん。僕がやっている時もピアノの音はどんどん変わっていきましたからね。すごくニュートラルになっていった。

――激しいピアノは初期から弾かない人でしたけどね。

Z　ああ。

――ベートーヴェンに影響を受けているというのに、あんなけたたましい感じにはならないというか。

Z　ベートヴェンに影響受けてるんですか？

――子どもの頃にそうだったみたいですよ。情熱という部分はそうなのかなと。

Z　『PTP2022』でも似てるとこありますよ、そういう意味では。そう言われてわかった気がする。

いろんな人に幸せになって欲しい
という気持ちが強かったんじゃないかな。

――坂本さんというのは音楽であれ、政治であれ、小さなものを慈しむ気持ちのある人だなと思うんですよね。

Z　単純にすごく優しい人ですよ。ほんとに。小さいもの、弱いものに手を差し伸べたいという気持ちが強い人だし、すべてが音楽のためということもあるのかもしれないけれど、そのために世界を理解する必要があるというか。音楽というのはその人そのものだから、自分の理想とする形に向かっていくために全部が繋がってるということは理解されてたんだと思います。いろんなことが調和して、いろんな人に幸せになって欲しいという気持ちが強かったんじゃないかな。坂本さんは完全な調和に向かっていたと思います。そういうのは近くにいて感じましたね。それを音楽にしたいという坂本さんの気持ちを僕は伝える役目だなと思って。

――同時多発テロがアメリカで起きた時にNYで1週間、音楽が鳴らなかったと坂本さんが話していて、音楽というのは平和な時じゃないと鳴らないんだ、音楽を鳴らすためには平和にしないとダメなんだと話していたのは印象的でした。その後でケニアとかに行って自給自足で生活している人たちの音をフィールド・レコーディングしたりして。そこから『Out of Noise』で南極にフィールド・レコーディングに行ったりということがずっと繋がっていて。

Z　研究もするけど、同時に直観力も磨いていたと思います。音楽というのは直観力だけでも形にできると思うんだけど、この現実世界をフィールド・レコーディングによってパーツとして取り込むことによって、音楽を違うレヴェルに持っていけるというか。

――音楽で人と繋がりたいんだけど、東京オリンピックのオファーは断っていて、そういう形では繋がりたくないんでしょうね。バルセロナ・オリンピックも最初は断ったそうだし。ナショナリズムを高揚させるイヴェントには協力したくないといって。

Z　そうですね。でも、バルセロナは彼らの熱意に負けたって。そういう話をする時に自分でも再確認できるところがあったんですよ。同じだと思えるんで、あんまり話をしなくても作業ができたというところもあって。

――なるほど。

Z　そういうことは音に転化されていくんですよね。

音楽というのはその人そのものだから、
自分の理想とする形に向かっていくために
全部が繋がってるということは
理解されてたんだと思います。
いろんなことが調和して、
いろんな人に幸せになって欲しい
という気持ちが強かったんじゃないかな。

——わかってもらえなかったことってあります？

Z いや、ぜんぜんないんじゃないかな。僕なんかよく相手にしてくれてたなあと思いますよ。

——いや、そんな。

Z ほんとにそう思いますよ。優しいんですよ。坂本さんは人の悪口は言わないし、めちゃくちゃいい人ですよ。

——オフでの会話はどんなことを？

Z どうでしょうね。いや、ま、冗談言ったり。マンガの話とか。

——マンガ？

Z 何読んでんの？　とか。あんまり覚えてないんだけど、ただ、僕は武満徹さんが好きで、坂本さんの楽屋で勝手にくつろいでいたら武満さんの本が置いてあって、なんとなく読んでたら「あげるよ」と言われて「いいんですか？」と言ったら「うちに何冊かあるからいいよ」って。『御代田の森のなかで』（浅間縄文ミュージアム）という本だけど、すごいいい本なんですよ。僕が多分、音響的なものと環境的なものの関係に興味を持つようになったのは武満さんのおかげで。〝ノヴェンバー・ステップス〟を中学生の時に音楽の先生に聞かされて。坂本さんにそんな話をしたり。

——坂本さんから受けた影響というのは？

Z 僕もまだ気持ちの整理がついてないので、言葉にするのは難しいですね。『Playing the Piano 2022＋』のミックスをやってる途中で亡くなったんですよ。数日間、何もできなかったんです。でも、坂本さんはある程度、気持ちの準備をさせてくれたので、作業を続けることはできました。昨日、終わったところなんですけど。

——ああ、そうだったんですね。

Z やっぱり生きるということを考えさせられましたし、ミックスをしながら、それをみんなに伝えたいと思いましたね。お別れでもあるけど、それは祝福でもあると思うんですよ。坂本さんからの愛情という意味で。これからは音楽に関わる全世界の人はがんばれよと思いますよ。自分も含めて。

ZAK
録音エンジニア。ライヴPA。スタジオROBO主宰。維新派の舞台やオーディオ・スポーツを皮切りにボアダムズ、バッファロー・ドーター、さかな、コーネリアス、くるり、忌野清志郎、水曜日のカンパネラ、長谷川白紙など多くのレコーディング作品を世に送り出し、とくにフィッシュマンズの諸作を手掛けたことは有名。相対性理論のメンバーでもある。いわゆる共感覚の持ち主で、最近は映画館の音響設計にも携わる。Dommuneでは毎回ゲストを迎えたトーク・シリーズ「み・え・な・い・も・の」も。

坂本さんからのメール

文：岩井俊二
by Shunji Iwai

僕が坂本龍一を初めて知ったのは、高校時代だった。ＹＭＯの登場。１９７８年だったか79年だったか。テクノポップという新しいジャンルに、僕自身、衝撃を受けたかといえば、実はあまりよくわからない音楽という印象だった。だが80年代に入ると、ＹＭＯの影響は凄まじいものがあった。テクノカットが大流行したあの時代、長髪だった僕も髪を短くせざるを得なくなったりした。70年代という時代を葬ったと言ってもいいぐらいその潮流は激しく、多くのミュージシャンに影響を与え、ニューウェーブとも呼ばれたかと思うが、実はこの頃既にＹＭＯはその先頭にはいなかった。そこがＹＭＯの真骨頂なのだと思う。

１９８２年に出たアルバム『The End of Asia』はダンスリー・ルネサンス合奏団というルネサンス音楽を専門とする楽団と坂本龍一のコラボレーション・アルバムだったが、電子音の一切出てこない、リュートやリコーダーのような古楽器を使うルネサンス音楽は僕には衝撃的で、自分で撮影した8ミリ映画のＢＧＭに勝手に使わせて頂いたりもした。そして１９８３年『戦場のメリークリスマス』。あのテーマ曲も、映画も、何もかもが衝撃だった。感化されやすい青春時代、あの映画から受けた影響は計り知れない。あの曲が流れるオープニング、メインタイトルは『戦場のメリークリスマス』ではなく、『Merry Christmas, Mr. Lawrence』だった。邦題と英題が違う。それすら新鮮だった。その後も『ラストエンペラー』『シェルタリング・スカイ』と映画音楽が続き、坂本龍一は活動の場を世界に広げて行ったわけだが、僕はＹＭＯの〝Tong Poo〟から一貫した彼の旋律が好きだった。インストゥルメンタルでありながら耳にすれば彼だとわかるあの独特の旋律（メロディ）。それは独特な和音（コード）が共にあってこそなのだが。言い換えれば旋律性の強い和音とでも言うべきか。要するに坂本龍一の曲は強い個性を持っているのである。それはまずテクノ音楽で表現され、オーケストラで表現され、やがて時を経て次第にピアノという楽器に収斂され、聴き手に空想の余地と、対話の余地を残すようなスタンスに変わっていった気がする。

そんな坂本龍一という音楽の巨人と初めてお会いしたのは、２０１１年。震災のあった年であった。

僕が企画した番組と配信動画に出演して頂いた。女優の松田美由紀さんと三人での鼎談、そして彼と僕の二人だけの対談。収録は数時間に及んだ。この日から坂本龍一は僕の中で〝坂本さん〟という呼び名、そして存在に変わった。

坂本さんは対談冒頭で、本来音楽家がこんな問題なんかに関わりたくないのだ、と仰っていた。美由紀さんも僕もほんとにそうだと頷く他なかった。

坂本さんが語った言葉、「たかが電気」という言葉。あれは人類の文明の話だ。注釈の余地もない。

2012年、北川悦吏子監督作品『新しい靴を買わなくちゃ』を僕がプロデュースし、対談を見た北川さんが是非、坂本さんにサントラをお願いしたい、ということで、遂に映画をご一緒することになった。いつか自分の映画でも。ずっとそう想ってきた。坂本さんの旋律の似合う作品をアレンジし切れなかったのは自分の力不足以外の何物でもない。

NHKの「スコラ　坂本龍一 音楽の学校」という番組にもゲストで呼んで頂いた。映画音楽がテーマだった。大河ドラマ「八重の桜」の特番にも呼んで頂いた。歴代の大河ドラマのテーマ曲を振り返るという趣旨の番組だった。会食にも誘って頂いた。なにかとかわいがって頂いた。ご病気で「スコラ」を不意に降板された時、その枠を引き継ぎ「ムービーラボ」という番組を立ち上げたこともあった。ここ数年はたまにメールのやり取りをするにとどまっていたが、昨年の秋、配信で『The End of Asia』を発見し、改めて聴き直す機会を得た。このアルバムの記憶は何ひとつ風化していなかった。曲を聴きながら、次の展開が先に脳裡に鮮明に浮かぶ。思わず口ずさんでしまうほどだ。そして次の曲が何なのかもすべて憶えていた。そして十二月、オンライン・ライブを拝見した。様々な想いが去来してしまい、思わず坂本さんにメールを書いた。ライブの感想に加えて、『The End of Asia』にも触れ、いかに自分が坂本さんの影響を受けて育ったかを告白した。そして年末、坂本さんから返信があった。その最後にはこうあった。

『岩井さん、ますます活躍してくださいね！　見守っております　坂本龍一』

これが最後の会話となった。享年七十一歳。

自分の作品でご一緒出来なかったことが悔しくて仕方がないが、これからは、天国で見守ってくださる坂本さんに恥ずかしくない作品を作り続けるしかないのだと思う。最後のメールの一字一句を胸に刻みながら。

岩井俊二／Shunji Iwai
1963年、宮城県生まれ。1995年『Love Letter』で長編映画監督デビュー。2023年秋には最新作『キリエのうた』が公開予定。国内外を問わず、映画監督・小説家・音楽家など多彩なジャンルでボーダーレスに活動し続けている。

とりとめもない思い

文：北中正和

by Masakazu Kitanaka

たくさんの人がたくさんのことを語っている。作品のことも、本人のことも、ぼくより詳しく知っている人のほうが多い。それでもまだ語ることがあるのだろうか。そう思っているうちにいたずらに時が過ぎた。昔の資料が見つかれば、思い出すことがあるかもしれない。そこで資料のありそうなところを探しはじめたが、整理していない部屋からは、他のものばかり出てきて、それに気を取られているうちにさらに時が流れる。

人がこの世に別れを告げると悲しい。そう書くことにいつもとまどいがある。悲しいという言葉で自分の心の曖昧な状態を言い表せる気がしない。これから先、会ったり、話したりできないのだから、喪失感はある。しかし記憶しているかぎり、その記憶の中で相手は生きている。長い間会っていない人の存在も、連絡するまでは記憶の中にしかない。ということは喪失感は、思いこみの中にしかないということだろうか。意識しなくても、地上から何かが喪失したことは確かなのだが。とりとめもない思いばかりがぐるぐる回って1か月近く経ってしまった。

坂本龍一にはじめて会ったのはYMOの取材のときだった。彼らは〈アルファ・レコード〉のスタジオでデビュー・アルバムをレコーディング中だった。ピコピコピコという音が聞こえるだけのスタジオで、作業に手が空いた人から順に時間をとってもらって話を聞いていった。

彼のことは、友部正人のライヴやレコーディングを手伝っている芸大出身のおもしろいピアニストがいるという話をずいぶん前から聞いていた。その後、大貫妙子、りりィ、山下達郎、〈ナイアガラ・レーベル〉、ティン・パン・アレー周辺のアルバムで名前をよく見かけていた。

初対面のミュージシャンに取材するときは、うまく話が引き出せるかどうか、いまでも緊張が伴う。くだけた調子で何でも語ってくれる人もいれば、スターを演じたままの人もいる。こちらに知識がないことがわかると、露骨に表情に出す人もいる。からかわれていたことに終わってから気づいたこともある。

坂本龍一は、ぼくの記憶の中では、少し緊張気味だったが、質問意図の飲み込みが早かった。話は論理的でわかりやすく、言葉のはしばしから該博な知識の持主であることがわかった。当時、コンピュータで音楽を作ることに関してまったく知識のなかったぼくにも、親切に噛んで含めるように説明してくれた。

ＹＭＯが売れて以降、「ミュージック・マガジン」「プレイヤー」「FMレコパル」などで何度も取材する機会があり、くだけた話もしたが、彼に掘り下げて話を聞く機会はついに訪れなかった。『B-2 Unit』のとき、出発直前にレコーディングが延期され、ロンドンに行くだけという珍事も経験した。仕方なくブライトンまで行ったりして、時間があり余っていたはずなのに、なぜ彼とゆっくり話さなかったのか悔やまれる。そうこうするうち「ミュージック・マガジン」の依頼で、少し批判めいた記事を書いてからは、疎遠になってしまった。

彼に再会したのは２０１１年。「スコラ 坂本龍一 音楽の学校」のシリーズで『ロックへの道』の書籍に参加したときだった。そこに招かれたのは、大滝詠一の話がマニアックになり過ぎないよう、ブレーキをかける役目を期待されたからではないかと思う。「スコラ」のシリーズでは16年に「日本の歌謡曲・ポップス」にも参加した。どちらもEテレやNHK-FMで構成をふくらませて放送されたが、坂本龍一は、監修者としても司会者としても、目配りのきいた手慣れた様子で、こんな学校の先生がいたら生徒たちが喜ぶだろうなという感じだった。

近年もメッセンジャーでたまに連絡をとっていたが、音楽がらみの話はあまりしていない。

ツァイ・ミンリャンの19年の映画『あなたの顔』の音楽を担当して、台湾の金馬奨最佳原創電影音樂を受賞したときは、彼のサイトに授賞式の報告があった。その記事の彼にサインしてもらっている子供の写真が知人の子供に見えたので、陳明章の子供でしょうと確認したら、そのとおりだった。彼もその子供の父親の陳明章がホウ・シャオシェンの87年の映画『恋恋風塵』の音楽を担当したことを知っていた。

同じとき、エレクトロニックな映画音楽で台湾でも大陸でも大活躍している林強から坂本龍一に会ったという話を聞いていたので、坂本龍一に問い合わせたら、林強とは近々一緒に何かやろうと話しているとも言っていた。以前サイトで公開された曲と同じかどうか、記憶があいまいだが、22年に発表された『A Tribute to Ryuichi Sakamoto – To the Moon and Back』の冒頭には林強の手がけた〝Walker/ Lim Giong Follow The Steps Remodel〟が収録されている。

市場とは創造性と商業性が妥協点をめぐって終わりのない模索を続けるところだ。ミニマルなフレーズを華麗なオーケストレーションで包んだ知的な音楽で坂本龍一はそれに対処していた。ポップ・ミュージックや伝統音楽のリズムやサウンドを転用して端正に構成する力量にも需要が多かった。

多岐にわたる膨大な作品が残っているが、いったん引き受けると丁寧に取り組む人だったので、負担は相当のものだっただろう。音楽だけでなく、美術、映画、文学、哲学、歴史、思想、社会運動など、好奇心のおもむくまま関心領域に踏みこんで、自身がメディア化する役割も果たした。その多忙さに本人に悔いは持たなかっただろうが、結果として休む暇を削ることになったかもしれない。

11年に「電通報」の取材に同席する機会があった。震災支援の話が中心だったが、たまたま彼の生まれ育った町の近くにぼくが住んでいたこともあって、別れ際にその話をすると、訪れる時間がないのを惜しんでいた。後に、まだ道路が舗装されていなかった時期のその町を歩いている夢を見たこともあるというメッセージをもらったこともある。そのときは、佐藤GWAN博の『青空』の〝たんぽぽのお酒〟で彼が慣れない手つきで弾いていた親指ピアノの子供が無心で遊ぶような響きを思い出した。ちなみにかつてまだライヴ・ハウスではなくレコード・カフェだったロフトの1号店が徒歩圏内にできたとき、彼はその常連だったと創業者の平野悠は語っている。いつかまた会うことがあれば、その町の話をしよう。

自分の存在を認めてほしいという欲求のないミュージシャンはいない。そのために親しみのある音楽を作ろうとする人も多い。しかしときには自己表現や市場の要請を越えた力がミュージシャンを突き動かすこともある。坂本龍一は、いつもそういうことを意識しながら音楽を作っていた。『アレクセイと泉』『母と暮せば』『MINAMATA』といった映画でチェルノブイリ、ナガサキ、ミナマタの被災者に捧げた鎮魂歌がそれを物語っている。それらの映画で素朴に聞こえることさえあるピアノの演奏が僕は嫌いではない。

北中正和／Masakazu Kitanaka
1946年、奈良県生まれ。J-POPからワールド・ミュージックまで幅広く扱う音楽評論家。『世界は音楽でできている』『毎日ワールド・ミュージック』『ギターは日本の歌をどう変えたか―ギターのポピュラー音楽史』『細野晴臣インタビュー―THE ENDLESS TALKING』など著書多数。

「日本のサカモト」

音が生まれ、響き、消える。

文：近藤康太郎
by Koutaro Kondo

2012年の夏、筆者は「フェスティバルFUKUSHIMA!」の会場にいた。

東日本大震災と原発事故後の福島で、地元にゆかりのミュージシャンが中心になり、前年から手弁当で始まったフェスだ。最終日のイベント会場は、福島市内の大きな公園だった。主催の一人、大友良英は「商業フェスのきっちりしたの、もういやなんですよ。ゆるゆるでやりたい」と話していた。

そこで、大学教授ふうの、上品そうな男性が、率先して会場設営の下働きに汗を流していた。なんとなく見知っている気がした。視線が合い、お互いに軽く目礼した。あとになって気づいた。

「あれ、坂本さんじゃないか」

ミュージシャンの一人として参加し、スタッフの一人として働いていた。「ふつう」の人だった。

＊

20年以上も前、まとまった書き物があり、1970年代日本のフォークを集中して調べていた時期があった。友部正人の傑作アルバム『誰もぼくの絵を描けないだろう』も、そんなときにじっくり聴き直していた。生ギターにハーモニカのシンプルな曲が多いなか、ときおり、はっとするようなピアノが流れる。

たとえば〝おしゃべりなカラス〟。主役の歌を邪魔しないが、しかし、「伴奏」というには歌心がありすぎるピアノ。音数の少ない旋律で、いつまでも消えない響きを聴き手の心に残す。

弾いているのが、坂本龍一だった。1975年の作品で、坂本の録音としてはこれが最も古いものとされている。まだ無名の、東京芸術大学の大学院生だった。

わたしにとっての坂本の音楽は、ここに始まり、ここで成熟する。テクノポップをしても、歌謡曲、映画音楽、オペラやアンビエントを書いても。

響いては一瞬で消える、一瞬で消えるからこその「美しさ」。旋律を追い続けた人だった。

*

坂本の音楽については他の論考が詳述するであろうから、ここではおもに、坂本が残したテクストから、坂本の「美しさ」、「ふつうさ」の軌跡を確認したい。

YMOで人気絶頂だった1982年、哲学者の大森荘蔵と共著『音を視る、時を聴く 哲学講義』（朝日出版社、ちくま学芸文庫）を出版して、意外性で話題になった。だが、哲学や文学への興味関心は昔からのものだった。よく知られているように、坂本の父は坂本一亀。三島由紀夫、野間宏、高橋和巳らを世に送りだした著名な文芸編集者だ。中学生のころから大江健三郎や埴谷雄高の文学、それにデカルト、吉本隆明、デリダら思想書も愛読していた。

たまたま大森の専門的な論文を読み、「哲学とは理解するものと思っていたのが、芸術を楽しむように享受することもできる」と同書に書いている。

86年には、吉本隆明と共著『音楽機械論』（トレヴィル、ちくま学芸文庫）を出版する。大森のときとは立場が逆で、音楽には素人の吉本に、坂本が作曲の「工房」を見せ、創作過程を解説している。

吉本の質問が素朴で鋭い。「あなたのモチーフというのは音でできているのかな」という問いに、坂本は「音の記憶じゃないでしょうか」と答える。

「音と言っても、いくつかの位相があると思うんです。単純に音色と言う場合とか、テンポとか、聴いた時代とか、同列じゃない何種類かがあると思うんです」

幼少時から習ったピアノでクラシック音楽の基礎を固め、中学生でドビュッシーに出会う。ビートルズでロックにも邂逅している。プロとして最初の録音は、前述したフォークシンガー友部正人とだったし、その後テクノポップ、歌謡曲、映画音楽、環境音楽と、ジャンルを無化する坂本の音楽人生で、それでも一貫していたものがある。

旋律。

発した瞬間に、すぐ減衰して消え始める音。「音の記憶」をたぐり寄せては、メロディーとして構成し、また解き放つ。散開させる。

同書とは別の場所で、坂本は興味深いエピソードを披瀝している。

高校生のとき、吉本の詩（「風が睡るうた」）に音楽をつけたことがある、というのだ。

「その音はメロディラインでもないんですよね、ぼくの場合。普通、言葉があって音楽があるというと、メロディラインのことを言うわけです。（略）ぼくはメロディラインさえもどうでもよくて、もっと音が全体に鳴っている状態っていうか、それに一番興味があるわけです」

われわれが普通にとっている意味合いよりも大きなコンテクストで、坂本は、メロディをとらえていたのではないか。音が全体に鳴っている状態――それは雨音や鳥のさえずりであってもいいのかもしれない――に「旋律」を聴きわける。

大島渚やベルトルッチの映画音楽でも、坂本は、旋律が映像を包み込むような、音が、絵と全体で鳴っているような音響を創りあげた。

ベルトルッチの『ラストエンペラー』には、役者としてオファーを受け、甘粕正彦大尉を演じる。「映画音楽もつけたい」と要望していたものの、ジョルジュ・ドルリューやエンニオ・モリコーネといった大家からも希望が寄せられていて、ベルトルッチも迷っていたようだ。最終的には大島監督『戦場のメリークリスマス』における坂本の音楽にほれこんだ、ベルトルッチが決断した。

しかし、坂本はこんなことを語るのである。

『戦メリ』の音楽に関してはぼく自身が最も批判的なんです。何で皆そんなに喜ぶんだという気持ちが強かった。オリエンタリズムあるいはセンチメンタリズムに簡単に乗せられていいのかなんてひとりで思っていました」（蓮實重彦『映画狂人のあの人に会いたい』河出書房新社）

間違いなく自身の代表作のひとつである、忘れがたく美しい旋律に、きわめて自制的で自省的な耳をもつ。音楽で昂ぶらせない。

クールさは間違いなく坂本の魅力のひとつであるが、しかし映画話では、坂本のいたずらっぽい、忘れがたいエピソードもある。

坂本は中上健次の作品を愛読し、作家本人とも親交があった。なかでも「千年の愉楽」にほれこみ、これをベルトルッチ監督で映画化しようと画策した。

「中上もそのアイデアを気に入って、『よし、これから角川春樹のところに二人で行って、金出してもらうよう説得しよう』となったんです。後日、その角川さんとご飯を食べることになって、角川さんも『面白い！　やろう！』『ついては俺が監督をやらなきゃな』となったんです」

「『しまった！』と中上と二人で顔を見合わせて、その場からコソコソと逃げ帰ってしまったので、遂に実現しなかったんですが」

これは、新右翼活動家の鈴木邦男との共著である『愛国者の憂鬱』（金曜日）で明かしている挿話だ。

坂本は、イデオロギーに縛られるようなひ弱な知性ではもともとなかった。

新宿高校時代に東大安田講堂ほか多数のデモに参加し、高校のストライキも主導した。東京芸術大学に入学した1年のときに、三島由紀夫が市ヶ谷の自衛隊で自決した。父一亀が『仮面の告白』の担当編集者だったこともあり、三島文学には親しんでいたようだ。

「全共闘をやりながら、けっこう右傾化してまして、長髪をばっさり切って、長い黒のコートに革の手袋して、見た目右翼でした」

事件直後、三島の首が安置してあると思った牛込署に押しかけた。

「警備の機動隊に『三島の首に会わせろ』なんてドナったら、機動隊のやつ、てっきり僕のこと右翼だと思って、『すいません、それは出来ません』なんていって最敬礼しやがんの。右翼はいいなぁ、と思ったね、そのとき。だって日頃デモでポカポカに殴られているんだからね。カタチは大事だねぇ」

頭でっかちのエリートではない。おもしろい人、微笑の人でもあった。

2001年9月11日、ニューヨークで同時多発テロが起きた。筆者は当時、燃え上がるツインタワーのすぐ下で取材していたのだが、坂本もこのときニューヨークにいた。

テロと、反射的に報復した米国のアフガン空爆に対して、論考集『非戦』(幻冬舎)をすぐに出版。作家の辺見庸とは対談集『反定義新たな想像力へ』(朝日新聞社)を出している。

「ぼくは言葉で食べてる人間じゃないから、こうして出てきて喋るのはよけいに恥ずかしいですよ。でも一方で、ぼくは何の職業だったとしても同じように発言しただろうなという気持ちもあります。(略)一人の人間としていっていると思ってます」(『反定義　新たな想像力へ』)

「世界のサカモト」として持ち上げられ、神格化されるのではなく、一人の日本人、言葉本来の意味での「愛国者」として、世界にある。平和運動や環境問題でも積極的に発言するのをためらわなかった。同時に、揚げ足取りのような、坂本への攻撃も盛んになる。

冒頭に書いた「フェスティバルFUKUSHIMA!」の、第1回、2011年9月にも、会場に坂本の姿はあった。筆者は現地で坂本にインタビューできた。その一部は、以下の通りだ。

――参加の経緯は?

大友くんからメールが来て、一も二もなく「やるべきだ」と背中を押しました。ステージでは、久しぶりに前衛魂が爆発し、ピアノで指を切ってしまった。

――反原発に早くから積極的に発言していますが、日本人のミュージシャンとしては、かなり珍しいことではないですか。

カネを出しても得られない有名性があるのだから、自分が正しいと思うことを発言するべきではないかと思い始めたんです。2006年に六ヶ所村の再処理工場を見て原発の危険性に改めて気づき、深く調べ始めたことが背景にあります。

――ツイッターでの発言や引用に正確性がないと批判されてもいますね。

憎まれてまで、何でこんなことをしているのか。気恥ずかしくて言いたくないけど、愛ですよ、愛。日本や、日本人への愛がなくなったら、ぼくなんかがこんなことわざわざ発言する必要はない。自然エネルギーへの転換では電力が足りないなら、今ある電力で生活をすればいい。1日に電気を使う時間なんて3時間で十分だ。そんな極論を言う人間が社会には必要だし、そうするのが、社会の周縁にいる芸術家という存在なんだと思います。

右や左の、イデオロギーではない。社会の周縁にいるアーティスト、その役割を痛いほど知ったうえで、「ふつうに」発言してしまう。それもちゃめっけたっぷりに。いたずらっぽく。

坂本のこうした言動は、いわゆる〝リベラル〟派のメディアが愛するところだ。訃報にあたり、朝日新聞は、「音楽で思想や哲学すら表現した」と、「評伝」なるもので書いた。

まったく同意できない。坂本の音楽を矮小化するものだ。

政治的な主張をするならば、音楽は一葉の政治ビラに劣る。吉本隆明、村上龍とのかつての鼎談で、坂本は「反体制とか国家とか(略)自分が音楽を作ることと、脳の違う部分で、やっている」「音楽の部分には国家も体制もない」と語っている(『IN POCKET』1984年3月号)

そうではなく、坂本の音楽は、メロディーの無限性に、また旋律を「美しい」と聴き入る人間の感受性に、全人生を賭けたものではなかったか。

2010年、大貫妙子と共演し、ピアノと歌だけのアルバム『UTAU』を出した。

〝Tango〟〝Flower〟など、坂本のインストゥルメンタルに大貫が歌詞を書き下ろした。一聴して耳を引くのは、異様とも感じるスローテンポだ。

「ピアノはゆっくり、音数を少なくしたい。音が減衰していく響きを楽しみたい。テンポが速くて音が多いと、響きはかき消されてしまうから」

坂本は、筆者にそう語った。

音が生まれ、響き、消える。その「間(ま)」をいとおしむように弾く。

収録曲には童謡〝赤とんぼ〟も含まれていた。坂本は、現代の人気ミュージシャンが童謡を歌うCDシリーズ『にほんのうた』の企画・監修者でもあった。

「童謡は世代を超えて残った歌」。そして、世代を超えるいい歌とは、「口ずさめる歌、伴奏がなくても歌える歌」とも語った。

「細野さんとも話すんですが、僕たちはたくさん曲を書いてきたけど、口ずさめる曲を人生で一曲でも書けたなら、本望なんです」

2020年12月12日、坂本は無観客のピアノソロ・コンサートを配信した。選曲はさながら坂本のベスト盤の趣があった。晩年のブラームスのような〝Andata〟、哀しいのに軽妙な〝水の中のバガテル〟。

坂本の場合、まずは数秒のテーマをつかまえるのだろう。それを、作曲家としての手練手管で、ひとつの作品にまで拡張していく。だから、メロディーに限界はない。人間のクリエイティビティーは、無限だ。人間の感受性も、また無限だ。美しさを美しさとして聴きとれる。そんな人間に、信をおく。

「いいメロディーなんて、もう出尽くしてしまった」といわれる現代にあっても、坂本は終生、旋律を、消えない響きを探し求めた。また、探し当ててもきた。愛するものを信じたからだ。愛するもの、それは旋律であり、日本であり、日本人でもあったろう。愛するものを、信じ、楽しみ、あきらめなかった。

どんなに哀しい坂本のメロディーを聴いても、明るくなる。開けた気持ちになる。生きる希望がわくのは、そのためだ。

近藤康太郎／Koutaro Kondo
作家・評論家・新聞記者・百姓・猟師　1963年、東京・渋谷生まれ。主な著書に『百冊で耕す〈自由に、なる〉ための読書術』『三行で撃つ〈善く、生きるための文章塾〉』（以上CCCメディアハウス）『アロハで田植え、はじめました』『アロハで猟師、はじめました』（以上、河出書房新社）『アメリカが知らないアメリカ』（講談社）『リアルロック』（三一書房）などがある。

奢らず、乱用せず、堕落しない。

文：湯山玲子
by Reiko Yuyama

　権力というものは、人間社会において最大のクセ者だ。

　カネと地位、そして人々からの承認がそこには存在し、権力を手にした人間は、そうでない人間よりも自らの欲望が叶い、人モテし、自由でいられ、社会を動かすことができる。と、いいことずくめなのだが、権力を得た人間の大半は、「イヤな奴」に堕すると相場は決まっている。

　道理を引っ込め、無理を通し、オレ様が一番。人を意のままにコントロールしようとしたり、傲慢不遜になり、もちろん、権力の根拠である既得権の死守に粉骨砕身する。こういう権力者が、職場や学校、オタクな音楽、アート関係愛好家、アンダーグラウンドシーンに至るまで頻出してしまうところに、人間という生き物のどうしようもなさがあるのだ。

　そして、坂本龍一こそは、どう考えてみても、カルチャー分野の最高権力者。アカデミー賞作曲賞をはじめとして、数々の世界的な賞に輝き、ＹＭＯという音楽史に残るポップグループの一員として時代の寵児になり、そこに、映画監督の大島渚が惚れ込んだ生来の美貌と、藝大卒というアカデミックな出自、父親がこれまた文学史にその名を残す名編集者という、生まれ育ちの見事なスペックが加わる。名声とそれに伴った収入があり、誰もが賛辞を送りたくなるマックスに実力ある権力者だったわけだが、権力の罠に陥らず、

「嫌味」とは見事なまでに対極に生きたのが坂本龍一という人だったと思う。

ストイックな人だったのか？　といえば、そうではない。かつて私は雑誌「ゲーテ」で、坂本さんと美食をたのしみながら、世間のよしなしを語るという「男女口論」という連載を続けていて、そのディレッタントぶりに大いに触れたことがあるからだ。人間の我欲のまわりには、それでもキラリと光る美しく、清らかで、魅力的なものが存在する。そういうものに心がワクワク動いてしまう中に、官能というセンスがあるが、坂本さんはそういう表現の名手でもあった。〝Amore〟〝Bolerish〟といった楽曲は、その代表作。特に〝Amore〟に関しては、坂本さんを自身の映画音楽に多く起用した、ベルナルド・ベルトルッチが気に入っていたという。その話を聞いたとき、この曲のメロディーが持つ強力な「歌心」は、まさにヴェリズモ・オペラのパションであるし、イタリア人であるベルトルッチの琴線に触れたのは間違いない

美食も音楽も芸術も、人間の営みのうちにある。その素晴らしい成果に触れもしないで、限界を語るのは簡単だが、坂本さんはそれらに大いに親しみ、愛したのちに、人間がコントロールできない自然、無作為の境地に表現の舵を切っていく。それはまるで、愛と満足に溢れ、何一つ不自由のないシャカ族皇太子の地位を捨て、出家したシッダールタのようだ。

3・11の津波と原発被害がその大いなるきっかけになったのは間違いがないが、それ以前から、彼の中に仏教で言うところの「色即是空」と同様の世界の捉え方が根深く存在していたのだろう。あれだけいろいろなことを坂本さんと話したのだが、仏教的な考え方は「諦観」（日本人の思考傾向にある、「どうせ」という諦めの根源）以外、話すことはなかった。

今年の最初ぐらいまで、坂本さんとメールのやりとりをしていた。遺作となったアルバム『12』を聴き込んでいくに従って、山頭火の「分け入っても　分け入っても　青い山」という俳句が飛び込んで来る。そのことをメールに書いたら、「山頭火の全作品が読める全集はないか？」と返事が来た。

妻と子を捨てて、托鉢行乞の僧となった種田山頭火は、漂泊と隠遁の旅を繰り返し、酒に溺れながら、自然と呼応する自己の内面に向き合った俳人だった。坂本さんには、今生生きられなかった人生があるとすれば、それは山頭火のような生き方だったのかもしれない。坂本さんは、自由を希求し、それを愛した人だったが、山頭火のような孤独と自由はついぞ、体験することは無かった。

権力者、強者でありながら、奢らず、乱用せず、堕落しない。人生におけるこういった態度は非常に意志的なもので、「位高ければ、徳高さを要す」というノブレス・オブリージュという、バルザックの小説『谷間の百合』にも引用された、欧米の貴族、富裕層に求められる倫理、欲望のブレーキ、社会的責任を思い起こさせる。

現在のリベラル化が進んだ社会（独裁国家系が目立つ一方で、確

実に大衆はそちらに向かっている）では、「弱者が弱者でいることが尊重される」状態を目指しているが、坂本さん自身はもちろんそのことを理解した上で、自分自身はといえば、「弱さを克服して、自分を進化＆深化させ、今以上の存在になりたい」という本質的な強さへの希求があった人だと思う。

こういうタイプが知性的になっていくのは当たり前で、自分に足りないものを学んで、理解していくことに極めて積極的になる。坂本さんは、読書家であり、映画も本当に良く見ていた。書籍の対談相手には、一水会の鈴木邦男から、生物学者の福岡伸一までと幅広い。「不完全な自分を、教養でもって補完していく」という実践者だったが、そこには「不完全な自分をそのままにしておいて良い」という、弱者のレゾンデートルは見えない。知、つまり情報の集積は力だからだ。

さて、坂本さんをはじめとして、男性が得がたいのはフェミニズム的視点だろう。私が坂本さんと知己を得たのは、拙書『女装する女』（新潮新書）がきっかけであり、彼はこの本を大変気に入ってくれて、幻冬舎社長の見城氏等に喧伝してくれた。ちなみに、SNSにいろんな人々が寄せた追悼文を読むと、私だけでなく多くの表現者が、坂本さんからのエールに勇気づけられていたことがわかる。

女性の心中に存在する無意識のインサイトを分析した『女装する女』は、当然、フェミニズムを内包するのだが、一見そうは見えない。当時、そして現在でも主流の「弱さの尊重」や「傷つけてくる対象への攻撃」という分かりやすい表現をしていないからだ。ジェンダー、女性の生き方関連の私の著作に共通なのは、女性において の自由や快楽、欲望追求への肯定であり、女性が自由に快楽的に生きるためのテクニック披露のようなところがある。

元気でやる気のある少女が、なぜその生き方を全うできないのか？　フェミニズムに理解のある男性は増えてきたが、「弱さの尊重」には共感できても、弱さを克服できる自立感のある強い女性こそがリアルにぶち当たる問題に関しては、思考停止しがちだ。よしながふみや萩尾望都といったマンガ家たちが作品化したこのディテールについては、坂本さんと幾度となく話した記憶がある。

フェミニズムを男性が嫌がるのは、男性にとってのおトクが目減りし、生活一般が面倒くさくなるから、という、つまり「人間、持っている物を失うことが大嫌い」な性質ゆえなのだが、そういった弱点を指摘されても、受け止められる〝強さ〟が坂本さんにはあった。

坂本さんは男性的なマスキュランな魅力に溢れ、若い時分のモテモテぶりはよく知られている。そういうタイプの男性は、伝統的には高低差のある男女関係から常に好結果を得られるわけで、ジェンダー関係には鈍感な男性が多い。映画『追憶』でロバート・レッドフォードが演じた、容姿と実力と才能を兼ね備えた主人公が典型例で、権力者、強き者は、他人からの否定という経験が極めて少なく、悪気のない無邪気な無神経さがある。坂本さんがそのようにいられなかったのは、そういう人間を横目で見てきて、その傲慢さを恥じる自意識の強さがあったからにほかならない。

そもそも、私と坂本さんでは立場において大きな差がある。しかも私は女性であり、こういった場合、日本社会のアルアル力学は、森元首相の不適切発言が示す通り、女性側に「わきまえ」という無言の圧力がかかる。権力者の真骨頂は、何も言わなくても「相手に気を使わせる」ところにあるのだが、坂本さんがそういったモードを出してきたことは、ただの一回も無かった。

権力や知識のある強者がその立場を利用して、横柄や傲慢、失礼な行動を取ることに対して、「本当に我慢ならない」タイプでもあった。ひとつが某有名フレンチでの出来事で、料理は申し分なかったのに、坂本さんの評は芳しくない。その理由は「ソムリエが失礼だった」というもの。ちょっとエスプリを効かせた皮肉っぽい口調に情報強者の圧があったことは確かで、そこに彼はカチンときた。

こんなこともあった。坂本さん御用達のレストランでの事件。居残っている常連らしい中年カップルが、若い店員をいじり倒して盛り上がっている。そこに坂本さんは大激怒し、席を立ってつかみかからん様子なのを何とかなだめて帰途についたことがあった。お分かりのように、そういった権力の横暴に対するシンプルな反発の延長線上に、彼の社会的な発言は存在したのだとも言える。

「自由、平等、博愛」と、これらは、フランス革命のスローガンであり、坂本さんの態度、言動にはことごとく、これらのバックボーンがあり、生活レベルでの実践者だった。しかし、音楽表現で、となると、これがなかなか難しい。簡単に言うと、音楽は思想やポリシーと違って、言語表現ではないからだ。

しかし、本当にこの境地を実現した作曲家というものが、歴史の中に登場する。フランス革命の理想、および挫折という激動の時代を生き、その時代の精神を反映した音楽をつくり続け、シラーなどの詩作を読みふけり、ついには「人類皆兄弟」という〝交響曲第九〟を世に出したベートーベンがその人だ。

坂本さんの3・11以降の社会的発言や行動については、「全共闘世代精神の再燃」と考えられがちだが、私はそこにかのベートーベンという大作曲家の影を見る。民衆英雄としてエールをおくり、彼に捧げる〝交響曲第三番〟までつくったナポレオンが、皇帝に即位したとたんに大激怒。タイトルからその名を抹消する激しさと、思想と音楽作品、そして個人を統合して、全力で理想を追求する意思とエネルギーの強さは、本当に坂本さんと似ている。

ベートーベンは、誰もが知っている〝エリーゼのために〟や〝悲愴〟のようなキャッチーなメロディーが書ける人であり、坂本さんには同様に〝戦場のメリークリスマス〟がある。しかし、ベートーベンはその「約束された才能の楽園」を出て、交響曲という、構造と音響のジャンルに突き進み、坂本龍一もエレクトリック・ミュージックがその扉を開けた、知覚と無作為、空間と時間の音楽の世界に入っていった。

表現というのは結局、他者が理解できる形、他者と共有できるような形でないと成立しないものです。だからどうしても、抽象化というか、共同化というか、そういう過程が必要になる。すると、個的な体験、痛みや喜びは抜け落ちていかざるを得ない。そこには絶対的な欠損感がある。でも、そういう限界と引き換えに、まったく別の国、別の世界の人が一緒に同じように理解できる何かへの通路ができる。言語も、音楽も、文化も、そういうものなんじゃないかと思います。

——『音楽は自由にする』（坂本龍一）

彼のメロディー＆フレーズメーカーとしての才能は、彼が言うところの「抜け落ち」るはずの多彩で個的な体験に基づく感情こそをガッチリ捕まえてきてしまう、というパラドックスが生まれるところが面白い。メインのメロディーよりも印象的で、私をして「小さい子供だったときのある場面」を強烈に蘇らせるあの卓抜なイントロのように。センチメントと結託できるメロディーメイカーの才能は、人々の「個」に効くものならば、坂本龍一はその先の「社会」や、もっと言えば「地球や自然」という世界そのものの痛みや喜びをも表現しようとした。

『Out of Noise』という2009年に発表されたアルバムは、彼をして「自分の聴きたい、好きな音を、大きなキャンバスに置いていった」作品群となったが、その中の〝hibari〟という作品は、見事にメロディーの魅力と音響が「結託」した名作となった。素朴なモチーフが少しずつずれながら重なり、ループする。キーンと冷たくて、空気も薄い、色でいうならアシッドブルー。地上や現世を超越するこの感覚は、バッハの音楽にも見いだせる。この「個」を超えた普遍性こそが、実はクラシック音楽というジャンルが最も得意とする境地であり、坂本龍一というアーティストは、人生のラストパートに、自身のルーツであるクラシック音楽への精神的回帰を行っていったのだと思う。

湯山玲子／Reiko Yuyama
著述家、プロデューサー、おしゃべりカルチャーモンスター。著作に『女ひとり寿司』、『クラブカルチャー!』、上野千鶴子との対談集『快楽上等!』（幻冬舎）等。クラシック音楽の新しい聴き方を提案する〈爆クラ〉主宰。DJジェフ・ミルズ×東京フィルハーモニー交響楽団の公演等をプロデュース。ショップチャンネルのファッションブランド〈OJOU〉のデザイナーとしても活動中。東京ビエンナーレ2023プロジェクト・ディレクター、パシフィック・フィルハーモニア東京のクリエイティヴ・ディレクター歴任。日本大学藝術学部文芸学科非常勤講師。名古屋芸術大学特別客員教授。

Photos: Yasuhiro Ohara

40

「人民の音楽」と「人民の森」

文：水越真紀
by Maki Mizukoshi

坂本龍一の遺志を引き継ぎ、神宮外苑の樹々伐採中止を呼びかけます。ぜひお集まりください。——こう呼び掛けられた集会が、訃報から20日もたたない土曜日の夕刻、神宮外苑絵画館前で行われていた。ステージ後ろにそびえる新しい国立競技場を目指して沈んでいく陽はまだ眩しくて、競技場上空の右の若葉の影から超低空で出てくる旅客機が視界を横切り、左の木陰に消えてゆく。2時間足らずで20機近くがそうして目前を通り過ぎて行く。遠くの轟音とともに。「お別れの会」ではない。いまはもう故人となった坂本龍一が共同主宰を務めていた団体「D2021」が呼びかけた集会だ。

篠田ミルと大井一彌によるライヴが始まる。ミニマルなリズムで"Merry Christmas Mr. Lawrence"が始まり、その空に上っていく。が2、3分おきかと思えるくらい頻繁に、ジェット機の轟音が音楽と交錯する。この静かな曲と交わる轟音と青空と、集まった人たちの表情や静謐とも言える気配に目を閉じるとまるで反戦集会か反基地集会にいるかのような錯覚に陥る。

明治神宮外苑地域の再開発計画に、坂本龍一が反対の意思を示したと報じられたのは23年3月になってからだった。東京都知事をはじめ文部科学相、文化庁長官、新宿区長、港区長らにこの再開発を考え直してほしいとする陳情の手紙を送ったという。この再開発計画というのは、ここにある野球場とラクビー場をそれぞれ壊して交換して建て替え、青山通り側の伊藤忠ビルも190メートルの高層建築に建て替え、さらに数棟の高層ビルを追加。すると、観光名所として有名なあの絵画のような銀杏並木の真横まで高層建築が寄せられ、樹木自体の状態は悪化し、いまの美しい景観も失われる可能性が高い。合計3000本ほどの樹木を伐採する計画だ。東京五輪2020を契機に、風致地区だった外苑周辺の建築基準が大幅緩和され、いまにも着手されようとしているこの再開発が、「建国記念の森」あるいは「先人が100年をかけて守り育ててきた貴重な神宮の樹々」の伐採を含むものだということが、坂本龍一の例の手紙の報道以来の周知によって、もう保守系政治家も知らないふりができなくなった。土曜の集会場の外では、翌日の統一地方選挙のための街宣車が樹木伐採反対をアピールしながら通り過ぎたが、その主はオーガニック右派の参政党だった。たしかに明治天皇夫妻を祀った明治神宮は、日本の右翼と保守派の代表的〝聖地〟である。その創設のため、日本全国に加え、当時植民地だった台湾や朝鮮からも送らせた数万本の樹木によって極めて人工的に作られた「自然」だ。この人工林が、聖地たらしめんためにこそ、あえて長い間、たぶん100年ほど人の手を加えられずに時を経て、原生林となったのが神宮内苑を中心とした神宮の森だ。長期政権にいまだ影響力をもつ神道施設の一部であり、旧憲法下の天皇制を称揚するべく作られたという近代史の暗い記憶も潜ませたそんな森を「オアシス」として市街地にもつのが東京という街だ。その森への人々の思慕はカーボン・シンク機能などの環境問題だけではない。神宮外苑の街路の木々はある人々には都市の安らぎの場所であり、観光材であり、都会の二酸化炭素を吸収してくれる森であり、あるいはまた、ある人々にとっては宗教的な意味を持つ鎮守の森でもあるという、それぞれがそれぞれの意味づけをもって「護れ」と言い得る、ふつうなら単純には曰く言い難い、たとえば分断の時代の呉越同舟的な、その意味では何某かの希望に繋げる可能性すらある運動と言えるかもしれない、といえなくもない。正直いって、私にはわからない。

生涯、明治神宮に賽銭を入れたくはないし、街路樹というものは(所詮、と言うのもなんだが)、街の装飾的なものとして整備されてきたもので、誰かのお腹の足しになるものではない。世界的に、平均所得の高い街には多くの街路樹があり、その伐採には地価下落のリスクがかかることもあって反対運動は盛り上がる傾向があると言う。そもそも東京の市街地に見える樹木といえば、神社か元武家屋敷か、あるいは歩道の小さな四角に押し込められた並木のどれかで、どれも自然に芽吹いたものではなく、人工的に管理され、誰かの予算で守られてきた樹々だ。今回、枯死のリスクを危惧される「銀杏並木」もその一つであり、反対運動の(あるいは再開発企業の)象徴としての表紙の絵となるものだ。あの並木が消えたら寂しいだろう。それでも乱暴にいえば、あの場所のあの並木はとても、ブルジョア的なものだと言える。

いやしかしまた、坂本龍一の生涯を思うと、この樹々は私をモヤモヤさせる。そういうことともまた違ったものに見えてくることもたしかだ。没後、本当に多くの人々に縷縷縷縷と振り返られてみれば「音楽家」との二枚看板の一つとなった「社会運動家」としての坂本龍一の経歴は、2001年の各地の地雷除去支援を目的とした「ZERO LANDMINE」まで遡るのだと私は思っていた。しかし、最近知ったところによれば90年代の「ジュビリー2000」（先進国による最貧国への債務帳消しを求める運動）にも参加していたことを知った。そうだ。冷戦終結から始まった90年代、21世紀を前にして、このポスト植民地時代を考える運動やシアトルで最高潮に達したグローバル資本主義を再考する運動など、世界規模で人々の生活を変えようという活動が再燃していた。そこに「世界のサカモト」は名を連ねていた。自ら語った、ニューヨークに移住するまでは「毎日楽しくてね、親しい友達と飲んで騒いで毎日楽しかったんです。言ってみれば刹那的な生活をしていた。明日のことも考えない生活です。ニューヨークに行って、静かになって、40歳になって初めて年齢を感じて、そこから自分が生きている環境に関心を持ち始めた」（「坂本龍一 100年インタビュー」08年 NHK BS）という感じ、とても想像しやすい。ああ、そうだったんだろうなと。環境問題への関心からジュビリー2000、そしてフリー・チベット・キャンペーンへの参加といった、海外では多くのミュージシャンがごく自然に参加する政治的なイベントへと接近していく。日本の（特に売れている）ミュージシャンではあまり広がりはなくても、そのようなイベントへの参加だけなら、「国際的に活躍するミュージシャン」としては当たり前のように見えるが、そのようなムーブメントをさすらうだけのものではないところに、「二枚看板」の片方になるだけの独自性がある。97年にデジタル時代の著作権問題を考える「A nous, la Liberte! 自由を我等に」をスタートさせたこと、「ZERO LANDMINE」、イラク戦争時の（反戦ではない）非戦メッセージ、STOP ROKKASHO（六ヶ所村核燃料再処理施設の危険性を訴えるプロジェクト）、沖縄の海兵隊撤退、あるいは電子楽器にも影響が及ぶ電気用品安全法（PSE法）反対といったものまで多岐に及ぶ。こうして時系列を見ていると、（著作権やPSE法などの音楽家としての問題意識と交錯しながらだが）、地図にピンを立てながら見ると、地球の反対側のような遠い国のことから次第に青森、沖縄、福島と少しずつ彼の故郷の問題へと近づいていっているように見える。この関心の移動、と言うより、この坂本の視点による俯瞰した世界のイメージがとても興味深い。欧米の運動と連動しつつ、日本という地理と歴史も高校時代以来の政治運動で身に染み付いてもいる坂本が関与する運動は、日本のいわゆる左翼的ではない。フリーチベットも旧植民地への債務帳消しも言ってみれば欧米資本主義の国々が長年かけて積み上げ、積み残してきた政治課題とも言え、日本の政治運動の文脈では距離を感じるテーマではある。先述したように、環境問題にも歴史的にはそういう面があった。一方で六ヶ所村などの原発関連問題や沖縄駐留米軍の問題、反戦は日本の左翼も当然取り組んできた文脈として理解しやすい。さらに地域通貨を通した資本主義についての見解もあり、坂本龍一が取り組んできた社会運動のそれぞれは、欧州リベラルとも、また日本の左翼とも通じ、同時にどちらとも違う全体像を持っている。

ティーンエイジャーの頃に出会った政治活動で染み込んだ身体感覚や反射神経のようなものが、回り道をしながら、けっきょくは「坂本龍一」というしかない社会活動家の成長、それを支えた坂本龍一の来歴には、戦後生まれの青年が、若者文化の時代を通って、バブルの日本で飲んだくれて、それでも「おとな」になっていくという一つのロールモデルを求めてしまいたくなる。

坂本龍一自身の意思で、亡くなってなお続けているこの神宮外苑の運動は、2007年、「都市と森をつなぐ」というテーマで国内外の植林、森林再生を行うmore trees（モア・トゥリーズ）の活動から自然とつながるものだ。移住後に感じた衣食住や次世代に残す環境への気がかりと直結する。自然の森ではなく、人間が再生させ、創出させる森。意識して、予算をかけて、守らなければならないその森こそ、次世代を生かす森だ。

先日文庫化された口述の自伝『音楽は自由にする』（新潮社）には、「人民のための音楽」「人民の音楽」という言葉が何度も登場する。日本のミュージシャンが「人民の音楽」「電子音楽に興味を持っていたのは、『西洋音楽は袋小路に入ってしまった』ということのほかに、「人民のための音楽」というようなことも考えていたからなんです」、あるいは「日比谷野音ではほとんど毎週のように無料のコンサートをやっていて……70年当時の「人民の音楽」であったロックを、無料で聞かせる」などと。むしろそのころ、学生運動でも歌われていたようなフォークソングには「チャラチャラした音楽」と言いながら、電子音楽を「人民のための音楽」と捉える。

そういう坂本は、政治家たちに送った陳情の「手紙」にこう書いている──「これらの樹々はどんな人にも恩恵をもたらしますが、開発によって恩恵を得るのは一握りの富裕層にしか過ぎません」。その樹の真下に行かなくても、どこかの樹は巡り巡って、地上の誰かを助けることがいまでは分かっている。モア・トゥリーズが作ってきた森の樹々も神宮の樹々も、なるほどたしかに人民の「ための」樹々を生かす運動だ。坂本の手紙は差し出された直後は東京新聞でしか報じられないローカルなニュースだったが、3週間後の訃報直後、朝日や毎日新聞でも紹介され、すぐに20万筆におよぶ署名が集まり、樹木伐採反対と再開発のあり方への人民＝市民の疑義はひろがっている。

連合赤軍事件とハイジャック事件があった1972年に左翼運動は終わったのだと、坂本龍一はきっぱり線を引いている（前掲書）。もうその運動は「人民の運動」ではなくなってしまったのだ。それ以後、坂本は「ニヒルな日雇い仕事」の時代を経てポップスターへと疾走していく。その頃から日本社会に急速に広まった「すべての価値は等価である」というポストモダン思潮が日本の文化を変えていく。東京藝大時代の坂本が「（和楽器を使うような）ナショナリズムに傾倒した武満徹は反動だ！（大意）」というビラを撒いたというエピソードが繰り返し語り草になるのは、権威に噛みついた武勇伝というだけでなく、YMO時代の空気を思い出させるからだろう。

坂本龍一が学生時代以来、ふたたび政治的発言をするようになったのは90年に始まった湾岸戦争がきっかけだという。移住して間もないニューヨークの隣人が奨学金を借りる条件に登録した予備兵として戦地に行くという事態に直面してからだった。けっきょく友達は生きて帰ってきたけれど、奨学金と引き換えに戦地に取られるリスクを負わせる国、というものを発見する。

友人が予備役で戦場に行くという体験のあとで作ったアルバム『Heartbeat』は、「戦争を通じて感じた怒りで満ちている」（前掲書）。その後の契機はやはりアメリカ同時多発テロだ。アフリカでも日本でもスペインでもフランスでも、クラシックのオーケストラでも現代音楽でもハウスでもラップでもロックでもなんでも、いわば等価に、自在にエネルギッシュに駆使してきた世界のサカモトは絶望する。「事件からしばらくして、9・11を取り巻く状況を生み出したのは、アメリカという覇権国家だ、という思いがだんだん強くなった。その一方で、音楽的にも文化的にも、僕が得てきたものは、ほとんどアメリカ経由なんです。ロックはもちろん、東洋思想だって禅だってそうです。……ドビュッシーもマラルメもビートルズもヒッピーも、全部、幻想だった」（前掲書）とまでだ。その空虚を経由して続けられた社会運動、殊に東北大震災被災地でのコンサートや「子どもの音楽再生基金」、それをきっかけに作られた東北ユースオーケストラでの活動は切実で献身的だ。こうした活動のいくつかの場面を映画『Ryuichi Sakamoto: CODA』で垣間見られる。この間、坂本は「なぜ社会活動をするのか」と問われると必ず「自分の子たちのため」と答えていたようだ。学生の頃に「人民のための音楽」を求めていた（当時・元）活動家の坂本龍一の「ため」が「自分の子どもたち」へと変わるのは、それはたぶん「変わっていない」のだろうと思える。「自分の」を入れるのはおこがましさを回避するためだろうと思えるほどに、若い人たちに接するそのやり方には懸命さが見える。「人民」という名もなき人々、それから次世代を生きる名もなき人たち「のため」の、楽器で、音楽で、水や空気で、樹々だろうと。そして決して資本主義に頭を下げてはいないのに、いわゆる「普通の人」を怯えさせないチャーミングな創造性を備えて、どの活動も誰かの、何かの、命「のため」につながっている。

『音楽は自由にする』によれば、社会運動を始めた坂本龍一に協力を求めた人は多かったそうだ。多くは断っていたというが、こうした経過にたいしては当然のことながら「故人を利用する運動」への批判もある。たとえ外部からの批判がないとしても、呼びかける側には一抹の申し訳なさがよぎらないことはないだろう。じっさい22日の集会の呼びかけ文にも「坂本さんの死をもって集まることに、抵抗がないといえば嘘になります」とある。けれどもこのちょっとした引け目やあからさまな批判を目にしたとき、私はカート・ヴォネガット・ジュニアの『タイタンの妖女』（ハヤカワ文庫）にあるこの言葉を口に出していた。こんな言葉だ。「だれにとってもいちばん不幸なことがあるとしたら、それはだれにもなにごとにも利用されないことである」。またしてもアンビバレントな考えだ。「だれだって、自分が利用されているとは思いたくない。自分でもそう認めるのを、最後の最後まで遅らせようとするものだよ。こういうとたぶんきみは驚くだろうが、私にも一つのプライドがある。間違ったプライドかもしれないが、自分なりの理由で自分なりの決断を下すことへのプライドだ」（浅倉久志訳）。人間なら誰だってもっているこの〝プライド〟と実寸の人生の折り合いが合わない時、そうでありながらも、自伝や映像メディアから伝わる坂本龍一は時に暴力的なほどの腕力をもってしてでも、「自由」を求めて生きた人のように思う。人民（ピープル）を自由にする音楽を求めた。そしてこれを礼儀をもって利用する側と協働して、「利用されること」の逆説的な幸福を可視化した。単純にいえば、そして〝青年〟は大人になった――簡単に言ってしまったが、これが徹頭徹尾できなくてできなくて、日本社会はもがいているのだ。

水越真紀／Maki Mizukoshi
最近は『7・8元首相銃撃事件　何が終わり、何が始まったのか？』（河出書房新社）、ユリイカ「〈フィメールラップ〉の現在」などに寄稿。『日本を生きるための羅針盤』（ele-king臨時増刊号）編集協力と寄稿。コミュニティをテーマにしたボードゲーム開発協力中。介護と水泳とChatGPT。

「世界のサカモト」

The International Ryuichi Sakamoto
インターナショナルな坂本龍一

文：ジェイムズ・ハッドフィールド
James Hadfield
訳：江口理恵
translated by Rie Eguchi

１９９１年、坂本龍一は、『ハリウッド・ゼン』という新作映画のプロモーションを行うために、新しく居を構えていたニューヨークから日本に戻った。彼にとっては過去最高の大役となるサイレント時代の映画スター、早川雪洲の伝記映画に『戦場のメリークリスマス』の大島渚監督と再びタッグを組んで挑む予定だった。坂本は、１９１０年代から１９２０年代にかけてアメリカやヨーロッパの観客を熱狂させたスクリーンの恋人と言われたスター役で主演するだけでなく、映画のサウンドトラックも担当することになっていたのだ。だが結果的には、この映画の制作は（無期）延期となった。映画が実現していれば、地球上でもっとも有名な日本人音楽家が、アジア人で初めて世界的なスターダムにのし上がった俳優の役を演じるという、特別にふさわしいキャスティングになっていたに違いない。

当時の坂本は、映画のサウンドトラックの作曲者と同等に、映画に主演する俳優としても有名になることが想像できるような状況だった。だが事実上、彼の俳優としてのキャリアは『ハリウッド・ゼン』で終わってしまい、その後のスクリーン上での主な活動といえば、マドンナの〝Rain〟（1993）のヴィデオと、観客動員数は少なめの、アベル・フェラーラの1998年のサイバーパンクなドラマ『ニューローズホテル』に端役で出演したぐらいだ。おそらくそれでよかったのだろう。『戦場のメリークリスマス』での坂本の演技を絶賛した、何もわかっていない欧米のジャーナリストもいるにはいたが、この映画のサウンドトラックは、坂本の真の才能がどこにあるのかを証明してみせた。このサントラは、海外では非常に革新的で最初こそ注目を集めたものの、日本国内ほどの商業的な成功は収められなかったYMOの音楽よりも、はるかに多くの人びとに受け入れられた（YMOのヒップホップやテクノの発展への影響は、もちろん別問題である）。坂本の、心がうずくような、感傷的なメイン・テーマ、デイヴィッド・シルヴィアンをフィーチャーしたヴォーカル・ヴァージョン〝Forbidden Colours〟は、彼の国際的な名声を確立した、耳に残る楽曲だ。誰もがその曲名を聴いて最初に思い浮かべるメロディで、代表的なヒット曲となった。この作品は坂本の作品の中でも中枢を成すものとして確立され、映画と密接に結びついたキャリアを持つアーティストである所以であり、彼が早川雪洲役を演じていたなら完璧であっただろうと思わせるもうひとつの理由でもある。

1980年代から90年代にかけて坂本が発表した一連の、洗練された世界的なポップ・アルバム以上に、彼を西洋のセレブリティへと押し上げたのが、サウンドトラックだった。ベルナルド・ベルトルッチ監督の『ラストエンペラー』のオスカーを受賞したスコアが名刺代わりとなり、その後に担当した映画の多くが不発に終わっても関係なかった。サウンドトラックは、坂本が普段、自分の作品では控えめにしたがった感情的な側面を引き出している。もっとも愛され、広く演奏されている彼の作品のいくつかが、市川準監督の『トニー滝谷』の〝Solitude（孤独）〟や、『ラストエンペラー』の〝Rain〟などの映画の曲であることは偶然ではない。他の作品にも多くの感動がつまっており、サントラになる順番が待たれているかのようだった。アレハンドロ・ゴンサレス・イニャリトゥが『バベル』で大きく取り上げた、〝美貌の青空〟（もとは1995年の『Smoochy』収録）のピアノ編曲版のように。これらの作品は、フィリップ・グラスとマックス・リヒターの間に位置するポスト・ミニマリストのピアノ作品の重要なレパートリーとして定着するだろう。

サウンドトラックはまた、海外市場で成功を試みるアーティストの前に立ちはだかるいくつかの障壁を回避する術を坂本に与えていた。だが彼は同時に、ポップ・アーティストとしても名を上げることにも成功した。いまでこそ初期のソロ・アルバムは高く評価されているが、1987年の『Neo Geo』から『Smoochy』までのアダルト・ポップ全盛期のアルバムも、当時は多くの注目を集めていた。冷戦が終わりを迎えた楽観的な時代に、リスナーはコスモポリタンで、旅の気分が味わえるサウンドを受け入れやすくなっていた。坂本のアルバムは、ピーター・ゲイブリエル、ビル・ラズウェル、スティング、そしてブライアン・イーノなどと並んで心地よく受け入れられた。1989年の『Beauty』で共演したブライアン・ウィルソン、ユッスー・ンドゥール、アート・リンゼイ、スライ・ダンバー、ジル・ジョーンズ、ロバート・ワイアットというアーティスト名のラインナップがすべてを物語っている。イギリスの週刊音楽専門紙「メロディー・メーカー」で、サイモン・レイノルズはこのアルバムを「ポリグロット（多言語的）で、プレイスレス（場所が特定されない）なフューチャー・ポップであり、作品には坂本が日本人だと示唆する微かなヒントが存在するのみ」と非常に肯定的に評した。

坂本はおそらく、この解説を是認していただろう。1990年のニューヨークへの移住は、彼がもう出身国で定義されることはないことを示唆していた。フランスの「ル・モンド」紙はインタヴュー記事を、「Ryuichi Sakamoto, exilé universel（世界的な亡命者・坂本龍一）」という見出しで掲載した。1992年、バルセロナ・オリンピック開会式のテーマ曲〝El Mar Mediterrani〟の作曲で、坂本の国際的なエリート層への仲間入りが確定した。本格的なオーケストラ作品をつくれるポップ・アーティストというのは、ほとんど前例がなかった。英語圏のメディアには、プロフィールの多くで、「Renaissance Man（ルネッサンス的教養人）」と称された。

坂本が文化大使としての役割には抵抗していたにもかかわらず、西洋のライターたちは坂本の作品を現代日本という枠組みで捉えようとする傾向があった。1983年のイギリスの週刊音楽専門誌「NME」では、クリス・ボーンがカヴァーストーリー（特集記事）で三島由紀夫が残した問題のあるレガシーと、「東西の分断をつなぐ架け橋」という文脈で坂本を論じている。時折、坂本が典型的なオリエンタリズムを利用しているのではないかという議論があったのは皮肉なことだ。若い頃、坂本は武満徹のコンサート会場で、武満の和楽器の使用が偽装的であると主張するビラを配ったことがあるからだ。坂本はドビュッシー、サティ、バッハにビル・エヴァンスの信奉者であり、禅のミニマリズムに傾倒していたわけではなかったが、西洋のファンは彼の作品から後者の証拠を見つけ出した

（後年、坂本が自身の音楽作品のなかにより多くの余白を採用するようになるにつけ、彼らの言い分も一理あるものだったと言えるのかもしれない）。

坂本が、がんと診断されたことは、ある種の偶像化にもつながった。西洋での彼のイメージは、時には活動家として口うるさい人物とみなされることもあった日本とは違い、もう少し柔らかい、愛すべきものだった。2017年のスティーブン・ノムラ・シブル監督によるドキュメンタリー『Ryuichi Sakamoto: CODA』での賢人のような人物像は、世界の繊細なリズムに敏感で、いまだに好奇心が旺盛で、観客の心に響いた。2018年の「ニューヨーク・タイムズ」紙では、坂本がマンハッタンのお気に入りの精進料理レストランのBGMが、その料理にふさわしくないと判断し、その店のためのプレイリストを作成したという話が広くシェアされた。

坂本の、エレクトロニック・ミュージックの発展における重要性は、もちろん当時も認識されてはいたが、正当な評価を得るには、2000年代まで待たねばならなかった。1990年代の音楽テクノロジーの進化の速度があまりにも速く、過去を振り返る間がなかったためか、これは日本や海外を問わず、彼以外のすべてのイノヴェーターにも言えることだった。スペインの〈sonar〉や、アメリカの「デトロイト・エレクトロニック・ミュージック・フェスティヴァル（後にムーヴメント）」などのエレクトロニックに特化したフェスティヴァルの台頭が、初期のパイオニアたちと現在とを繋ぐ文脈付けを助け、レコード・レーベルの再発（違法なファイル・シェアリングも）もリスナーの音源へのアクセスを容易にした。

2004年、坂本は〈sonar〉に細野晴臣、高橋幸宏とヒューマン・オーディオ・スポンジの名義で出演し、事実上のYMOの再結成を果たすとともに、クラシックとエレクトロニクスを融合させたコンサートにも、パンソニックやその後のコラボレーターとなったフェネスと出演した。それは、21世紀初頭に、坂本がテクノ・シーンで尊敬される年長者として、エレクトロニック・ミュージックとクラシック音楽の両方の世界に心地よく身を置くことを発見した良い兆候を示していた。〝ワールド・ミュージック〟という新ジャンルに注目が集まるなか、その波に乗るようなタイミングで汎世界的なポップ・アルバムを発表したように、坂本のクラシックやアヴァンギャルドというルーツへの回帰は、聴衆がわかりやすいジャンルに分類されないような音楽を受け入れつつある時期と重なった。アルヴァ・ノトやフェネス他とのコラボレーションは、坂本のエレクトロニック・ミュージックのイノヴェーターとしての評価を高め、いまでは〝ポスト・クラシカル〟と呼ばれる分野の道筋を固めた。2010年に名門クラシック・レーベルの米国〈デッカ〉より、ピアノ・ソロ・アルバム『Ryuichi Sakamoto: Playing the Piano』が、より抽象的で電子的な処理が施された『Out of

Noise』との2枚組CDとして発売され、ジャンルによる分類の垣根の低さが示された。

坂本のこのような方向転換（より高まったインスタレーション作品への興味も含めて）は、なんら計算されたものではなかったが、彼の信頼性を高めるのに大きな役割を果たしただろう。2000年以降に、より実験的な作品に軸足を移していなければ、彼が単なる如才のないジェットセッター的なプロデューサー、あるいは雇われ仕事をする作曲家として、音楽よりも環境保護活動で知られる存在になっていたかもしれない。彼のポップス時代に欧米のメディアで時折取沙汰された批判は、彼が世界のあらゆるジャンルの音楽を合成する技術をもちながら、その音楽には確たる中心がないというものだった。坂本は決して強力なヴォーカリストというわけではなかったため、彼のもっとも知られた楽曲は、他の人に歌わせたものだ。しかし、彼のピアノ演奏と音色と空間に対する卓越したセンスに焦点を戻してみると、彼の音楽は紛れのない彼自身の声で語られたものだった。

ジェイムズ・ハッドフィールド／James Hadfield
イギリス生まれ。2002年から日本在住。おもに日本の音楽と映画について執筆。「The Japan Times」「The Wire」にレギュラー執筆。

interview

Simon Reynolds

サイモン・レイノルズ
——『B-2 Unit』は、それが1980年にリリースされたということが信じられないほど未来的だった。

質問・構成：野田努
by Tsutomu Noda
通訳：森本到史／訳：青木絵美
interpreted by Toji Morimoto
translated by Emi Aoki

世界的に読まれている音楽メディア『Pitchfork』にて、坂本龍一の追悼文を担当したのが、イギリス人ジャーナリストのサイモン・レイノルズだった。影響力のある批評家として長年活動しているレイノルズの近著『Futuromania』（20年）は、彼のエレクトロック・ミュージックに関する原稿をまとめたもので、その序文においてもレイノルズは、「私の好きな坂本龍一」という表現をもって触れている。実際、1989年に『Beauty』がリリースされたとき、「メロディ・メイカー」紙でレヴューを担当したのがレイノルズだったし、Zoomによる今回の取材も快く受けてくれたのだった。

——まず、80年代のUKにおいてYMOはどんな存在だったのでしょう？

SR　YMOという名前は聞いたことがある、という感じだったと思う。「NME」の表紙を飾ったこともあったし、他の音楽媒体でも比較的大きく取り上げられていたからね。でも当時、YMOの音楽はラジオでかかっていなかったから、彼らの音楽を聴いたという記憶はない。ロンドンにある、エレクトロニック・ダンス・

ミュージック音楽をかけるようなクラブでは彼らのトラックがかかっていたらしいけどね。「Futurist（フューチャリスト）」と呼ばれるシーンがあったんだ。初期のシンセ・ポップやクラフトワーク、ニューヨークからのエレクトロ・レコードなどといっしょに〝Firecracker〟がかかっていたようだ。当時の私はクラブに行くにはまだ幼すぎたから、実際に行って聴いたわけではないけどね。だから彼らの音楽を聴くという機会は、実はしばらくなかった。

名前だけは知っていたよ。「NME」が日本特集をやったとき、記者が日本に行ってYMOやプラスチックスなどを取材したんだ。だからUKとしては、日本という国に興味はあったけれど、YMOがヒットしたという印象はなかった。YMOのレコードはチャートで60位あたりに入ったことが一度あったくらいだったと思うし、ラジオでかかっていたというわけではなかった。

アメリカはまた違っていたよね。アメリカでのほうが知名度はあったんじゃないかな。ブラック・ミュージック・シーンでYMOの音楽はかかっていたわけだから。彼らは新しいサウンド、ダンサブルなエレクトロニック・ミュージックのレコードに刺激を感じていたからね。そういう意味では、YMOはクラフトワークのような存在だったと言える。エレクトロに影響を与えたグループだし、初期のテクノの人たちもYMOが大好きだった。

私が初めて聴いたのは、坂本がデイヴィッド・シルヴィアンと共作した「Bamboo Houses / Bamboo Music」のレコードだった。あれはUKでヒットした作品だった。私はジャパンのファンだったし、彼らの作品が好きだった。〝Ghosts〟は変な曲だったけどすごくヒットし、坂本の音楽で初めて買ったのは「Bamboo Houses / Bamboo Music」のシングルだった。どちらの面も素晴らしいよ。その後が〝Forbidden Colours〟だったけれど、当時、私が知っていた坂本の音楽はそこまでだった。それからしばらく後の80年代後期、私が音楽ジャーナリストとして活動をはじめた初期の話だけれど、アルバム『Beauty』のレヴューを書いた。ポジティヴなレヴューだったよ。もっとも、その頃でもまだ、彼のレコードはUKでは入手困難でね、ある程度知っていたのは、エレクトロニック・ミュージックしか聴かないような人たちや初期のUKテクノ／ハウス・プロデューサーに成長していくような人たちだった。クラフトワークと同じような影響を受けた存在として、彼らのことを話していたね。

――坂本の音楽に惹きつけられた理由は?

SR 〝Bamboo Music〟を聴いた時に、そのレコードを買いに行ったんだ。まず、ヴィデオもすごくかっこ良かった。リズムもとても面白かった。デイヴィッド・シルヴィアンの兄弟がドラムを演奏していたんだけど、明らかにシルヴィアンのヴィジョンでシルヴィアンの音楽だった。それからシンセサイザーのテクスチャも面

808ステイトのメンバーでグレアム・マッセイという人、のちのちビョークとも仕事をするその彼が、「80年代の名作はキャバレ・ヴォルテールのトラックではなく、〝Riot in Lagos〟だ。あの曲が一番ダンスフロアで機能する」と話していたんだ。

白くて、西洋人からすると、とても東洋っぽく聴こえた。日本ではどう聴こえていたかわからないけれど、おそらく日本でも変な音として聴こえていたんじゃないのかな。とにかく私にとっては、メロディの流れや、滲んだようなテクスチャなどの調性（tonality）が他とは違うと思った。トーンが滲んでいるというか、デチューン（detuned）されているような。音程も西洋の枠組みを外れているような感じがして、違う音楽というか、〝エキゾチック〟な、異質な音楽として、未来的かつ異文化のものに聴こえた。だから奇妙なものをダブルに喰らった感じだった。アジアっぽいメロディだけど、シンセサイザーで演奏されていて……。笛（bamboo flute）の音色も関係していると思う。あんな音楽をつくっている人は他にいなかった。エレクトロニック・ミュージックで良いものはたくさん出ていたけれど、その多くが非常にクリーンなサウンドで、音程や音色も綺麗に調整されていた。その一方で、彼らの音楽は、刺激的で、アロマティックに近い感覚だった。香りがしてくるような音楽。そういう点に魅了されたね。他の音楽とまったく違うものだったから。

また、〝Forbidden Colours〟は、非常に心に響くというか、エモーショナルで、ほろ苦く、繊細で、脆さが感じられるような曲だ。当時は思わなかったが、エリック・サティなどの20世紀初期の音楽で、心を打つような音楽との関連性も感じられる。日本では、そういう音楽、サティがミュージシャンのあいだで人気を博していたと聞いたことがあるよ。だから私にとっては、この2枚のレコードだね。どちらもヒット作だった。〝Forbidden Colours〟のほうが〝Bamboo Music〟よりヒットして、トップ10入りまでした大ヒット曲だった。それがきっかけで坂本に興味が湧いた。

とはいえ、坂本のレコードはなかなか手に入らなかったんだよ。『B-2 Unit』を聴いたのもずっと後のことだったし、『Esperanto』もレコード屋で見かけるようなものではなかった。私が手に入れたのも、のちのちアメリカに移住してからで、アメリカの中古レコード屋で見つけて購入したんだ。『B-2 Unit』は友だちがテープに録音してくれて、それを10年間くらい持っていたけれど、中古レコード屋で20ドルくらいで売られているのを見つけて、「これは買いだ！」と思って買った。レアなレコードだからね！　〝Riot in Lagos〟のことは実際の音楽を聴くよりずっと前にその名前を知っていた。人びとがその曲について話していたからね。たとえば、808ステイトというイギリスのテクノ・グループで、アトモスフェリックな面白い音楽をつくる人たちがいるんだけど、彼らをインタヴューした時にも話していた。808ステイトのメンバーでグレアム・マッセイという人、のちのちビョークとも仕事をするその彼が、「80年代の名作はキャバレ・ヴォルテールのトラックではなく、〝Riot in Lagos〟だ。あの曲が一番ダンスフロアで機能する」と話していたんだ。参考になる情報として私が知っていたのはそのことだけ、入手困難だったからなかなか聴けなかった。そして、実際に聴くことができると、期待以上だった。

——やはり、『B-2 Unit』の影響が大きかったのですか？

SR　先ほども話したように、素晴らしいレコード・コレクションを持っている友人が私のために『B-2 Unit』をテープに録音してくれた。当時は、そのようなレアな音楽の大半は、知人友人や図書館などを頼るしかなかった。『B-2 Unit』は衝撃的だったよ。その頃から坂本やYMOの音楽に注目するようになった。坂本によるフルレングス作品で初めて聴いたものが『B-2 Unit』だった。いつだったか覚えていないけれど衝撃的だったな。1980年にリリースされたということが信じられなかった。時代の先を行き過ぎていると思った。いまでも未来的な感じがするし、いまでもダンスフロアでかけられるサウンドだと思う。『B-2 Unit』のすべてがダンス・ミュージックというわけではないけれど、ダンス・ミュージックのような箇所に関しては、まったく古びていない。プロダクションや、シンセサイザーの音、テクスチャなどすべてが時代の先

彼の「Neo-Geo Music」というコンセプトについての記事を読んだんだ。当時、私はジョン・ハッセルの大ファンで、彼は〈第四世界（Fourth World）〉という音楽コンセプトについて話していた。坂本は、インターナショナルではなく〈アウターナショナル・ミュージック〉というコンセプトについても話していたよね。細野も〈観光（Sightseeing Music）〉などという表現を使ったりしていた。

を行き過ぎていたんだね。まったく……１９８０年に発表されたことが驚きだったよ。

それから、時期が飛んでしまうけれど、『Beauty』にも興味が湧いた。彼の「Neo-Geo Music」というコンセプトについての記事を読んだんだ。当時、私はジョン・ハッセルの大ファンで、彼は〈第四世界（Fourth World）〉という音楽コンセプトについて話していた。だから当時は、多様な要素が集まり、ひとつになるという「ワン・ワールド・ミュージック」というコンセプトが生まれていた。坂本は、インターナショナルではなく〈アウターナショナル・ミュージック〉というコンセプトについても話していたよね。細野も〈観光（Sightseeing Music）〉などという表現を使ったりしていた。世界中の音楽は、さまざまな要素に影響されている——それが伝統的なサウンドや要素だったり、テクノロジー的なものだったりする——という考え方に興味を持ったんだ。１９８９年の話だよ。だから『Beauty』がリリースされた時に、私がレヴューを書いた。『Beauty』は素晴らしいアルバムだけど、坂本が80年代初期に作った音楽——『B-2 Unit』や『左うでの夢』、そしてたしか78年にリリースした『千のナイフ』や『Esperanto』、『未来派野郎』——はすべて驚愕的であり素晴らしい。とくに『Esperanto』と『B-2 Unit』は非常に未来的で、尖っていて奇妙な音色があり、うまく説明できないような奇妙な感情を呼び起こす。彼が成した最大の偉業はこのような作品にあるのではないかと思う。もちろん後のアンビエント作品も好きだし、サウンドトラックもとても良いと思う。

——では、80年代初期の作品についてとくに思い入れがあるのは……

SR 「Bamboo Music / Bamboo Houses」と『B-2 Unit』、それから『Esperanto』。『Esperanto』も奇妙な作品だ。これも『B-2 Unit』をテープに録音してくれた友人が何年か後に『Esperanto』をＣＤＲにコピーして送ってくれたんだ。『Esperanto』も入手困難で、あまり多くの枚数がアメリカやイギリス・ヨーロッパに渡らなかった。坂本は数多くのプロジェクトを手がけ、たくさんの作品をリリースしたけれど、その多くはこちらまで届かなかったんだ。かなりマニアックなレコードコレクターの友人が『Esperanto』を手に入れて、ＣＤＲにコピーしてくれたんだよ。あの作品にも驚かされたね。不思議なリズムで、刺々しい（disruptive）サウンドだった。これは当時のＹＭＯの作品にも当てはまると思う。私が好きなのは『ＢＧＭ』や『Technodelic』だが、あのような作品が１９８１年という時代にリリースされていたことが信じられなかった。見事だったと思う。ＹＭＯも坂本も、テクノロジーを「人間らしく」するというか……音色を滲ませたり、シンセサイザーをデチューンしたり、音程を不定期というかクリーンでない感じにしたり、リズムをずらしたり、不定期にしたりして……グルーヴはあるんだけど、なにか不安定な、乱れた感じがある。まるでテクノロジーと対立しているように。彼らは、サンプラーやドラムマシンなど、世界最新のテクノロジーを利用できるという立場にいたんだけど、それを「普通」な感じのサウンドとして表現することを避けたんだ。精確で、メトロノームのような、クリーンな音程ではなく、音程を滲ませている。そういう点で非常に興味深い音楽だ。私は日本の伝統音楽に詳しくないから、彼らの表現する音程が日本の音楽に関係するのかどうかというのはわからない。ただ単に変なサウンドにしようとしていたのかもしれない。私と同じように、日本人にとっても彼らのサウンドは変なものに聴こえているかもしれない(笑)。とにかく変なサウンド、でも良いサウンドだ。『BGM』に"RAP PHENOMENA/ラップ現象"という曲もあって、彼らがラップしようとしているのは笑ってしまうくらいだ(注*このラップはポルターガイスト現象のことで、レイノルズの勘違い)。でも音としては最高で、間違っているようで最高なサウンドに仕上がっている。とても変わった種類の音楽だ。細野がソロとしてやっていた音楽もそうだが、彼らがつくっていた音楽は本当に類まれなものだった。ひとつのグループであの時代に、あれだけの量の音楽を作っていたのはあまり他に思い付かない。ブライアン・イーノやトーキング・ヘッズくらいかもしれないが、YMOや坂本の方が当時はずっと多作だった。

彼の作品をたくさん聴いて、しっかりと把握したかった

——2000年代以降の坂本の作品についてはいかがでしょう。

SR　アルヴァ・ノトとの作品は好きだったね。正直な話、坂本は本当にたくさんの音楽をつくっていたから、私は彼の作品をすべては聴いていない。2年前、坂本が病を患っていて、余命が長くないと人から聞いたので、私は坂本についての記事を書いた。2021年の3月か4月だったから、ちょうど2年前だ。私はその時点ですでに坂本の音楽が大好きだったから、トリビュートとして記事を書きたいと思ったのだが、彼の作品をできるだけたくさん聴くという口実がほしくて記事を書いたという思いもあった。彼の作品をたくさん聴いて、しっかりと把握したかったんだ。YMOの音楽も同じように。だから私は、彼らの音楽を大量に聴いた。それでもすべてを聴くことはできなかった。とにかく作品の数が多過ぎてね。サウンドトラックはすべて聴いたと思うけれど、一回聴いて次の作品を聴く、というような感じだった。でもアルヴァ・ノトとの作品は好きだったな。すべてがアンビエントというわけではないけれど、アンビエントの領域に入ると思う。ブライアン・イーノをカヴァーした"By This River"という曲がとくに好きだったね。坂本の作品をちゃんと理解するには生涯をかけないといけないくらい、多作な

2年前、坂本が病を患っていて、余命が長くないと人から聞いたので、私は坂本についての記事を書いた。私はその時点ですでに坂本の音楽が大好きだったから、彼の作品をできるだけたくさん聴くという口実がほしくて記事を書いたという思いもあった。彼の作品をたくさん聴いて、しっかりと把握したかった。

人だった。

――『async』をどのように評価しますか？

SR あれは彼の後期の作品で、とても良い作品だと思う。彼はご存じの通り、深刻な病を患っていて、『async』は、死に至る病を克服したという状況下で作られた作品だった。危険な状態にあったということだ。デイヴィッド・ボウイが心臓麻痺を起こして、手術をした後に作った『The Next Day』や、ボウイが亡くなる直前に作った『Blackstar』があるが、『async』はこの2枚のあいだに存在するような作品だ。死を目の前にして、まだ死んではいないが、自分の時間がなくなっているという自覚がある。そのような意識が作品を通じて感じられる。死という可能性を十分に自覚していたのだろう。実際に彼が亡くなるまでは、あと6〜7年の月日が経ったわけだが……。『async』のなかの1曲では、生命というものが、有限であり、終わりなく続くものではないという、ポール・ボウルズの文章の引用を、かなり多用している。とても美しい作品だと思うよ。人生の衰退期につくるような作品だと思う。自分の存在の消滅を受け入れるための作品というか、それを平静に受け止めるための作品なのではないかと思う。だからとても感動的なレコードだと思うね。

――なぜ、坂本は欧米で評価されたのでしょうか？

SR なぜだろうね。坂本の音楽には奇抜で珍しいものもあるが、エモーショナルなものもある。〝Forbidden Colours〟は感情を揺さぶられる曲だ。ザ・ポップ・グループのメンバーだったマーク・ステュワートというアーティストが、自分のソロ・アルバムで〝Forbidden Colours〟をサンプリングしたし、トリッキーもサンプリングしたと思う。だから〝Forbidden Colours〟は曲としてとても人気があったし、あのサウンドトラック全体も人間の基本的な感情を揺さぶるような作品になっている。他の理由はなんだろうな……彼の性格も魅力的だったんじゃないかな。彼の性格を知っている人は多くなかったかもしれないけれど、魅力が滲み出ている感じはあった。ルックスも非常に良かったし、アイドル的存在だったのではないかと思う。デイヴィッド・ボウイと映画に出演したことも彼の人気に貢献したのだと思う。でも最終的には彼の作品のクオリティが高かったからだと思う。彼の音楽は奇妙で実験的だけれど、同時に、メロディックでエモーショナルという、アート・ポップの領域に入るものだった。ボウイのようなアーティストと同じ領域だよ。ビョークもそうだ。坂本とビョークにはそういう共通点がある。彼は、アートとポップ・ミュージックを結び付けるアーティストなんだ。イギリスにいる私たちがもっとYMOのヴィデオを観ることができていたなら、彼はもっと人気が出ていただろう。YMOのヴィデオはどれもすごくクールだからね。イギリスやヨーロッパで、もっと早く名前が知れていたら、また、YMOというアーティストの全体パッケージ（音楽＋映像＋アーティスト）が身近にあったら、もっとビッグになっていたと思う。でも彼らはMTVの時代には少し早すぎたんだ。イギリスでも、ヒップな人たちのなかでカルト的な人気のある日本のバンドは他にもいる。ボアダムス、コーネリアス……それからPhewもアヴァンギャルドな人たちのあいだではカルト的存在になっているね。あとはアシッド・マザーズ・テンプルなど。それから、過激なギタリスト、えーと、……そう、灰野敬二やメタル・バンドのボリスもそうだけど、ヒップな人たちが見つけてきてカルト的にバズったりする。だが坂本の認知度は、彼らよりもずっと上だった。一般の人も坂本のことは知っていたからね。

——坂本の政治性についてはどう思われますか？

SR　坂本の政治的見解や背景についてはあまり詳しくないんだ。彼がちゃんとした芸術大学を出て、タルコフスキーなどの映画が好きな文化的教養のある人だということは知っている。流行に敏感かつ文化的教養のある人が知っているようなアート映画にも精通していたようだ。私が知らないような、そういういろいろなことを知っ

ポップ・ミュージックは、あらゆる文化的要素がメインストリームに流れ込むためのヴォルテックスであり、人びとの意識を高めることができるという信条があったのだと思う。それによる政治的な目的や成果がなんなのかはよくわからないが、人類をなんらかの形で高めていると言えると思う。それが坂本の活動だったのかもしれない。

ていた。ただ、彼の政治的な一面については知らなかったけれど、アートとポップを繋げるという意味では非常に民主主義的な感じがする。日本ではどうだか知らないが、イギリスやアメリカにおいてポップ・ミュージックは、階級が交わる領域として機能している。大それたアイデアがポップ・ミュージックを介して人々に伝わるんだ。ポップ・ミュージックを聴かなければ、そういうアイデアに触れる機会がない人たちもいる。労働階級の人たちだったり、家に本や映画があまりない環境などで育った人たちは、ポップ・グループを通じていろいろなことを学ぶ。ビートルズがその代表的な例だ。ロキシー・ミュージックもそうだし、トーキング・ヘッズや、私が好きな数々のポスト・パンクのバンドたちなどもそうだ。こういうアーティストたちのインタヴュー記事を読むと、アーティストたちはさまざまな書籍や映画について触れていたりする。それに彼らの音楽自体も学びの要素となる。ＹＭＯにもそういう一面があり、彼らが単なる前衛的なミュージシャンではなく、ポップ・グループを目指していたのは興味深い点だ。ポップ・ミュージックは、あらゆる文化的要素がメインストリームに流れ込むためのヴォルテックスであり、人びとの意識を高めることができるという信条があったのだと思う。それによる政治的な目的や成果がなんなのかはよくわからないが、人類をなんらかの形で高めていると言えると思う。それが坂本の活動だったのかもしれない。

それから、ハリウッドで仕事をしたこともその別ヴァージョンと言える。メインストリーム映画のサウンドトラックを手掛けることによって、アヴァンギャルドなアイデアをより幅広い人たちへ、新しい層へと届けることができた。ハリウッド映画の多くは昔から、奇妙なアンビエントのテクスチャがある音楽や奇妙な調性の音楽だった。ポップ・グループとハリウッド映画――このふたつの窓口において、アヴァンギャルドなものが大衆文化に入り込んだと言える。坂本がこのふたつの分野で活動していたというのは興味深い。民主主義的な感じがするというか、前進的な美的概念を一般の人たちに伝えることができるのだという楽観主義も感じられる。

サイモン・レイノルズ／Simon Reynolds
イギリス人ジャーナリスト。『メロディ・メイカー』編集部を経て、フリーに。著者に『ポストパンク・ジェネレーション 1978–1984』、レイヴ・カルチャーとテクノを描いた『Energy Flash』、ジャック・デリダを援用しながら現在のポップを考察する『Retromania』など。エレクトロニック・ミュージックに関する彼の評論集『Futuromania』の日本版は、近い将来刊行予定。

Computer Games and Participation Mystique: Ryuichi Sakamoto's lasting effect on Detroit

コンピュータ・ゲーム、そしてパーティシペーション・ミスティーク
——坂本龍一がデトロイトに与えた永続的な影響

リズ・ワーナー
by Liz Warner
訳：江口理恵
translated by Rie Eguchi

70年代後半、デトロイトが初めてイエロー・マジック・オーケストラの音楽を聴いた時、ダンスフロアとラジオ放送に集う若いクリエイティヴなコミュニティにとって、テクノロジーの進歩と未開拓だった地域とを結びつけ、異世界からのアイデアを示唆する〝Computer Game〟や〝Firecracker〟のような初期作品は、エネルギッシュとまでは言えないまでも、遊び心のある発見への道を切り開いてくれた。

日本人ミュージシャンのトリオ——細野晴臣、高橋幸宏、そして坂本龍一は、もともと細野のアルバム『Paraiso』のために集まっていたが、結果的にはそれがＹＭＯ前夜のレコードとなった。すでにエキゾチカのサウンドの虜になっていた細野の、１９５９年のマーティン・デニーのヒット曲〝Firecracker〟への愛と、コンピュータに生成されたサウンドの新しい技術革新に魅了されたことが、同年のイエロー・マジック・オーケストラ発足のきっかけのひとつである。

イエロー・マジック・オーケストラは、最新技術によるインストゥルメンテーションで成り立っていたにもかかわらず、ポップの世界に焦点を当てていた。ファンキーでダンサブル、そして輸入した文化を鏡のようにしっかり反映してもいた。このようにポップ・ミュージックに焦点を合わせたことで、坂本にはソロ・アーティストとしても、作曲をベースとした作品の宇宙的な領域を深く掘り下げることができたし、現在私たちが知るところの〝テクノ〟の、いくつかのより深い要素を特徴づけることにも貢献している。

この記事では、（デトロイト・）テクノの創始者ホアン・アトキンス、アンダーグラウンド・レジスタンスのオリジナル・メンバー、ジェフ・ミルズ、そしてアンビエントのプロデューサー、トニー・ドレイクとニール・オリヴィエラの4人に話を聞き、坂本の（デトロイト・）テクノへの影響の意味を明らかにしていきたい。

Detroitの街並み *©Tsutomu Noda*

テクノの起源については終わりの見えない議論がある。いろいろな意味で、デトロイトはジャンルを問わず、他の場所と同じ程度に影響を受けやすい場所だった。デトロイト・テクノのもっとも信頼できる概説『Techno Rebels: The Renegades of Electronic Funk（テクノの反逆者たち――エレクトロニック・ファンクの裏切り者たち）』の著者であるダン・シッコは、「YMOには、デュッセルドルフのグループよりも遊び心があり、意図的にクラフトワークの現代的な模造品という役割を果たし、より多くの影響に反応して、それらを取り入れていた」と述べている。シッコはさらに、ビートルズ、マーティン・デニーやエレクトロニック・スカの有名曲を引き合いに出したうえで、「YMOのもっとも興味深い貢献のひとつは、〝Technopolis〟という東京をエレクトロニックの聖地として賛美する曲にあり、デトロイト出身のホアン・アトキンスとリック・デイヴィスが後にサイボトロンというグループで掲げることになるコンセプトを予兆したことだ」とした。

実際、1980年のサイボトロンの〝ALLEYS OF YOUR MIND〟を聴くと、坂本が書いた〝Technopolis〟への宇宙的で内省的な、鋭い返答のように感じる。もっとも、インストゥルメンタルの部分では類似点があるものの、〝ALLEYS OF YOUR MIND〟はYMOの曲の興奮を、デトロイトのメンタリティへと転換させ、シリアスな社会経済的な格差に伴う不利益に打ちのめされ続けてきたこの街に住むことの現実を投影している。

アトキンスが初めて聴いたYMOの楽曲は、〝Technopolis〟ではなかったと彼は記憶している。それは、そのすぐ前に発売されたアルバムに収録された曲だった。デトロイトのコマーシャルなラジオ局の番組で活躍したアイコニックなラジオDJ、エレクトリファイン・モジョがテーマ曲であるかのようにかけていた〝Firecracker〟で、YMOが自身の名を関したデビュー作からの曲だった。「モジョはものすごい人気があったので、番組のライヴ・パーティをやるようになって、彼はいつもその曲でセットを始めていたんだ。だから間違いなく、俺はその時初めてイエロー・マジック・オーケストラを聴いたんだよ。自分が高校を卒業する前の、1979年のことだったんじゃないかな」と彼は振り返った。

アトキンスが自分の音楽をつくる過程においては、YMOよりもクラフトワークから影響を受けているという。「もっと言えば、パーラメント／ファンカデリック、それからクラフトワーク、そしてYMOという順かな」とつけ加える。「こうやって自分のことを遡ると、俺はすでに最初のふたつによって大部分を形作られているんだな、と言えるよね」

Jeff Mills

Tony Drake

Neil Ollivierra（photo M.shioda）

それでも、坂本の『B-2 Unit』収録の〝Participation Mystique〟を聴くと、サイボトロンのよりダークなテーマと共通する部分の多さが明らかになる。１９７８年という、ＹＭＯの自身の名を冠したレコードと同じ早い時期に発表された『千のナイフ』収録の〝Das Neue Japanische Elektronische Volkslied〟では、坂本はより瞑想的で豊かな音調への逸脱を見せている。サイボトロンは、これらふたつのサウンドの組み合わせとして生まれたかのように思えてくる。

必然的に、新進ミュージシャンたちのつくる音楽にとって、テクノロジーは大きな影響をもたらした。ＹＭＯが１９８１年に『ＢＧＭ』を発表した際、ツアーで使用したインストゥルメンテーションをすべてリストアップして公表したその透明性は、功績として評価されている。レコードの裏ジャケには、すべての機材、ミキサー、ケーブル、フィルターからシンセサイザー、エフェクター・ラック、ドラムスにギター・ペダルなどが詳細に記された税関用の機材リストの画像が表示されている。デトロイトのテクノ・コミュニティの重要なアンバサダーともいえるジェフ・ミルズは、このことが彼らのプロセスにさらに深い洞察を与えたと見ている。「それからは、彼らの物理的なアルバムのあらゆる側面が調べられ、分析された。ＹＭＯはそれを知っていて、この詳細な情報が他のミュージシャンの役に立つと考えたのだろう」

このように、新しいテクノロジーへのアクセスが可能となったが、世界各地で微妙に異なる解釈で受け入れられ、異なるジャンル名で呼ばれるようになった。アトキンスに、当時のＹＭＯや日本の電子音楽と、テクノとテクノ・ポップの関連について訊いてみると、それは彼にとってはまったく重要ではないようだった。「テクノとテクノ・ポップの僅かな違いを解剖したり、区別したりすることには興味がない。そんなの地獄でしかない。俺にとってはすべてが音楽だ」

ザ・シーン

当時も、その後数年も、〝Computer Game〟や〝Firecracker〟のような曲は街のいたるところで聴かれていた。とりわけラジオの電波は、入口でＩＤ確認のいらないヴァーチャルな集会所だった。年齢や社会的地位に関係なく、あらゆる階層の人が入場し、祝祭に参加したのだ。エレクトリファイン・モジョは、ドイツのクラフトワークやイエロー・マジック・オーケストラを含む、遠方の幅広い地域からの新しく冒険的な音楽を優先的にシェアした。エレクトロニカルに生成された音楽の新しい品種の音楽は、新鮮なアイデアの数々と強い憧れを生み出した。

クラブ・シーンでは、それは独自の方法で浸透していった。ディスコ、ファンクとニューウェイヴがミックスされた、街中の参加者が簡単に交じり合えるシーン。社交好きとクリエイティヴなタイプのためのハブであり、そこではダンスフロアに重点が置かれていた。

当時、ミルズはまだクラブに出入りできる年齢に達していなかったが、週末のプライヴェートなパーティなどでYMOを聴いたと回想している。「テクノ以前は、デトロイトのブラック・コミュニティでは、ダンス・ミュージックは主にふたつのカテゴリーに分類された」と振り返る。まずソーシャリティー（社交界）（あるいは、そのなりたがり）、そして普通の人びとのための音楽だ。〝Computer Game〟は普通の人びとのカテゴリーに分類された。ミルズは同曲をエレクトリファイン・モジョのラジオや（後に自身の伝説的なDJセット、ザ・ウィザードに取り入れた）、デトロイトのテレビのダンス・ショー「ザ・シーン」でも聴いたことがあったという。

もっとも1988年にもなれば、クラブ〈ザ・ミュージック・インスティテュート（音楽研究所）〉の出席者が〝Computer Game〟をダンスフロアで聴く機会を失ったことも無理はない。そのアフターアワーズのクラブは、現在言うところのテクノの洗練されたサウンドに傾倒する、よりシリアスな集団に訴えていたので、ミルズは、「〝Computer Game〟は〈ザ・ミュージック・インスティテュート〉にとって少しストリート過ぎたんだと思う」と説明する。だいたいこのクラブでは、デトロイト・テクノの創始者ホアン・アトキンスにデリック・メイ、ケヴィン・サンダーソンたちのDJセットが主役だったのだから。

スペイス・ビトウィーン・ザ・ラインズ

坂本の作曲家としての影響は、90年代に入り、テクノがアンビエント・サウンドの方向へと拡張するにつれ顕著となった。ニール・オリヴィエラやトニー・ドレイクといったプロデューサーがデリック・メイの〈トランスマット〉などからレコードを出し始めていた頃、デトロイトの電子音楽のアウトプットには、予想外にアコースティックな要素が増強されているが、これはあからさまな分離への動きを示唆していた。

ドレイクは、1996年発表のアルバム『Textures』で、漂流するメロディを変化させていくことで、巧妙に導き出されたヒューマンな（人間らしい）体験をもたらしたが、坂本の音楽には瞬時に共感し、「私が言えるのは、彼の美しいピアノ曲を聴くと、すぐに腰をおろして彼のような曲を書こうとしたことだ」と話す。ドレイクの作品はどれも、サウンドトラックのような感覚で、豊潤で動きに満ちており、余白を恐れない、ソロ・アーティストとしての坂本の軌跡をなぞっているかのようだ。「彼のミニマリズムは私のサウンドに大きな影響をもたらした」

音楽の形と創造において志を同じくするニール・オリヴィエラは、ザ・デトロイト・エスカレーター・カンパニーとして、同時期に音楽をつくっていた。その音楽の、明るいメロディの爆発から夢見心地のインタールードへの動きからは、坂本作品の影響が見てとれる。オリヴィエラは、「何よりもまず、彼の、より実験的な作品や映画のスコア、社会的アクティヴィズムや、控えめな公のペルソナから、常に坂本センセイのことを、ジョン・ケージ、ハロルド・バッドやデイヴィッド・シルヴィアンといったアーティストと並ぶ敬愛すべき音楽の知識人と捉えてきた」と述べる。オリヴィエラはさらに、「ポップスターとして知られて称賛を浴びたい人間と、音楽を作曲せずにはいられない人間とのあいだにある重要な違い」を、坂本から学んで理解したという。

坂本の、音符と音符のあいだに深い意味合いを見出そうとする仕事の姿勢は、より新しい世代の心に残る感銘を与えた。まるで彼らが最近の坂本の、いかに物質が「常に元の状態に戻ろうとしているか」という音についての探求をすでに知っていたかのように。彼はこの理論の概要を、映画『Ryuichi Sakamoto: CODA』のなかで雄弁に語っており、２０１７年にリリースした録音『async』の中で使用した、津波で壊されたピアノにそれを応用している。

ミルズは、ＤＪ活動に加えて定期的に新作を発表しているが、坂本の進化していくアプローチに共感し続け、その「構造、サウンドとコンセプトに対する真剣さ」に注目する。それはおそらく、坂本の、尽きることのないストリートや環境、自然などの録音、ともすれば音楽的ではない録音と見なされるものと関係があるのかもしれない。あるいは、ミルズは、坂本が洗練されたイメージとサウンド・デザインのシネマの巨匠、アンドレイ・タルコフスキーに魅了されていたことに鼓舞されたのかもしれない。自身も、知的で宇宙的な境界に足を踏み入れ、今日のもっとも挑戦的な音楽論議を提示しているアーティストであるミルズが、坂本が「ジャンルにエレガンスと高次元の職人技を持ち込み、ロックンロールでハイパーなメンタリティから引き離した」と認識するのは適切だ。

アトキンスは、２００４年の「ソナー・サウンド東京」で、ＹＭＯが再結成してパフォーマンスを行った際にその場に居合わせた。坂本は、イエロー・マジック・オーケストラの再結成版として、ヒューマン・オーディオ・スポンジ名義で、細野と高橋と合流したのだ。だが、アトキンスが坂本本人と直接会うことはなかった。

もし彼らが顔を合わせていたとしたら、どんな話をしただろうかと思わずにはいられない。坂本は、サブマージ・ビルの「Exhibit 3000（テクノ・ミュージアム）」に、ＹＭＯの初期のレコードが、その音楽ジャンル自体に一定のインスピレーションを与えたものとして展示されているのを知っていただろうか？　コラボレーションの可能性について話しただろうか？　ツアーは？　実際には、坂本とデトロイトのプロデューサーたちの誰一人ともコラボレーションが実現しなかったのは、驚きである。

ビヨンド・ザ・ダンス

全米ツアーの日程は限られていたため、坂本もＹＭＯもデトロイトでライヴをすることはなかった。不幸にも、坂本と高橋がこの数か月のあいだに相次いで他界したことで、ＹＭＯの再結成は消滅してしまった。

坂本の音楽界への最大の貢献は何かと訊かれたアトキンスは、まずひとつに、彼がイエロー・マジック・オーケストラの一員であったという事実にあると信じている。世界の異なる地域に散らばったミュージシャンたちを、同じ志を持つミュージック・テクノロジーの探求者として目的に向かい前進させたと、彼はそう考えるに至った。そうした人たちはそれぞれが単独でありながら、しかし一緒になって新しい道筋とサウンドを創っていった。たとえそれが坂本の意図したことではなかったとしても、彼は音楽全体の風景を変えるサウンドと技術の実験の土台を築くという役割を果たしたのである。

リズ・ワーナー／Liz Warner
デトロイトとロサンゼルスのラジオ司会者で、ブライアン・イーノやアリス・コルトレーン、デストロイ・オール・モンスターズらの取材経験を持つジャーナリスト（www.lizwarnerprojects.com）。彼女のインタヴューやラジオ・ショウはdublab（https://www.dublab.com/djs/liz-warner）で聴ける。

3 Phases — How Black People Accepted YMO and Sakamoto
3つのフェイズ——黒人はYMOとサカモトをいかに受け入れたのか

文：緊那羅：デジラ
by Kinnara: Desi La
訳：江口理恵
translated by Rie Eguchi

坂本龍一は、ニューヨーク市の9・11同時多発テロの現場から1時間以内という近い場所に住んでいたそうだ。その日は、朝からの壮絶な暴力によって、誰もが当たり前のように享受していた日常における安全から切り離されたことを思い知らされた。埃が都市の家屋やマンションを襲い、住民の生活を汚染したが、坂本もそのなかにいたひとりだった。地面は揺れ、激しく動いた。空からの巨大な崩落が居住者たちに傷痕を残し、人びとの人生観を揺るがした。彼の人生も、彼の音楽をも揺るがしたことだろう。

1990年代以降の坂本の、ヴェルヴェットのように柔らかなタッチ、ミルクのようなシルキーさを纏った存在感で無抵抗主義な作品、たとえばR&B色の強い『Sweet Revenge』の、ウォン・カーウァイ風のロマンティックで明るいポップの揺らぎは、波風を立てることはなかった。だが、テロ事件を経てからの2000年代の坂本は、自身のエキセントリックなルーツに立ち返ったかのように、まずは傑作『Chasm』、長く記憶に残る『Comica』、そして2017年にはあの『async』をリリースしている。

坂本は早い時期から、彼の音楽へのラディカルなアプローチを打ち出していた。80年代の『B-2 Unit』はその代表作のひとつだが、彼はその晩年においては、さらにa-synchronism（非同期）という概念を取り入れている。また、その初期にはインダストリアル・シンコリズム、つまり、騒音の多いシンソロジー(synth-ology)とテクノ・ビートを好んだと言えるなら、その後期においてはジャンルのパイオニアたちや同時代の人たちと共に創造行為に徹している。もちろん彼自身、すでにキャリアの初期においてパイオニアのひとりだったわけだが、2023年のInstagram時代では、国際的なヴァイラル・インフルエンサーと称されるにいたっている。

歴史は、岩のように固定されたものではなく流動的であるため、2023年のネチズン（ネット民）は坂本の音楽のイノヴェーションの大きさと影響力を十分には理解できないかもしれない。とブラック・ミュージックにもたらした影響については。通りすがりの黒人の若者に、今回の坂本の死去にあたって、彼とブラックネスとの関係性について尋ねても、おそらく関連性はゼロだと答えるだろう。実際にはその逆だ。坂本の『B-2 Unit』やYMOが登場したのは、ちょうど黒人たちが地球上でもっとも影響力のある音楽のひとつであるヒップホップをつくろうとしていた矢先のことだった。

70年代後半は、公民権運動の革命の苦渋がバックミラーに映るぐらい身近に感じられ、失望しながらも前進していった時代だ。黒人の若者たちは、男も女もマッドマックス的に荒廃したデトロイト、シカゴやニューヨークの、ディストピアのような近場の不毛な世界でなんとか生きのびていた。逃れられない差別があろうとも、音楽がそれぞれの都市で花開き、黒人の意識を解き放つ偉大でクリエイティヴな庭となった。自由は、エレクトリック（刺激的）であり、エレクトロニック（電子的）なものだった。エレクトロニックなビートは意識を溶かし、異なる未来へと流れ、バンドのビートはDJのそれに取って代わった。

フラッシュバック！ 70年代はめちゃくちゃ騒がしかった。マイルス・デイヴィスのバンドは、ステージでは火星に激突する土星のような演奏をして、銀河系に衝撃波を拡散していた。レイテッド・エックス（RATED X）は、多くのリスナーの耳をこじ開けた。ルー・リードはノイズのレコード『Metal Machine Music』をリリースし、耳を破壊させた。あらゆる層のキッズが、より多くのエレクトロニック・ミュージックを渇望した。みんなの口元と指先には未来があり、テクノの宇宙より重要なものはなかった。そんな時代に、クラフトワークとYMOは登場した。背後ではドナ・サマーの〝I Feel Love〟がオートリピートで鳴り、黒人の若者たちがシンセの刺激を求めていたその頃、両者は人気の頂点へと向かった。

ストリートでラップのゲームが完成されていく過程において、YMOは心を揺らすビートを創出し、初期のヒップホップとテクノに影響を与えた。日本のモダン・ソサエティと黒人のアーバン・ソサエティというパラレル・ワールドにおけるユニークな繋がりについては「ヒップホップが、ポスト・インダストリアルの風景に対する都市に住む有色人種の反応」というトリーシャ・ローズの言葉から理解できるかもしれない。この文脈で、日本人を有色人種として考えれば、坂本とYMOは戦後生まれでありながら、同じ「ポスト・インダストリアルの風景」のなかで育ったことが想起される。いっぽう黒復興した土地でポストモダン・モードを生きる日本人。いっぽう黒人のファミリーたちは、国が認可したゲットーで給料を稼ぐのに苦労しながら、吹き飛ばされて倒壊した建物の近くでパーティを開いた。黒人たちのＹＭＯサウンドへの興味は、ふたつのインダストリアルな民族同士の会話だったたと言える。

ヒップホップがまだ黎明期にあった頃、ＹＭＯはブーティ・シェイクのシンセ・ビートと日本人の感性から生成された未来派のメロディとを組み合わせた独自のテクノのヴィジョンを示した。それは、理想郷のようなサウンドウェイヴだった。ブラック・ミュージックのイノヴェーションが集中していた主要都市——ニューヨーク、シカゴ、デトロイトのダンスフロアは、ＹＭＯの（＊細野晴臣のアイデアの）〝Firecracker〟に合わせて踊る人びとで埋め尽くされたが、その原曲は白人が作った疑似中国風の曲で、西洋人の目には区別のつかない、アジア人差別になりかねないメロディをもち、キャッチーとはいえ、人種差別の要素が生々しいビートだった。それをＹＭＯが解体し（ディコンストラクティッド）／再構築し（リコンストラクティッド）、アメリカに輸出したときには、「ソウル・トレイン」のフロアを壊すほどのビートに変容した、エレクトロニックの傑作になっていたのだ。これこそファンキーな転覆による一級品であり、忘れてならないのは〝Firecracker〟がアフリカ・バンバータの伝説的な『Death Mix part 2』でミックスされたことだ。これは、ダンスフロアでウィンドミルやポップを流行らせ、新しいテクノ／ヒップホップ世代のイマジネーションに命を吹き込んだもっともコアなミックスのひとつ。ほかにも、１９８０年代の多くのエレクトロニックなパイオニアたちは、ＹＭＯと坂本サウンドへの愛と畏敬の念を表しているが、もっとも有名なのは、黒人が、坂本の真にレヴェルの高いファンクであり、驚くほどブレードランナー的な、そしてアフリカ風だが支離滅裂なビート、最初は捉えにくいがのちにブレイクビートへと進化するサウンド、素晴らしい主旋律をもつ〝Riot in Lagos〟に合わせて踊ったことだろう。

坂本はこのあとも数年、旺盛な好奇心に触発されながら、新しい手法を採り入れて制作を続けている。彼の持つエキセントリシティは、不快なシンセ・ビートをアルバムの1枚に収め、もう1枚には穏やかなピアノのセレナーデを収録してバランスをとることを可能にさせ、国際的には神秘性を高め、魅惑的な作家としての認知は広がった。私個人がとくに好きなアルバムは、80年代では『B-2 Unit』と『Esperanto』、２０００年代以降では『Chasm』と『Plankton』になるが、楽曲としてはあのファンタスティックな〝El Mar Mediterrani〟も大好きだ。ただ、私は坂本のすべてを聴いているわけではないし、もともと最先端でとんがっていた坂本だが、ポップで成功が約束された音楽のほうに流れていった時期もあったようにも思う。デイヴィッド・ボウイは、80年代後半には自分を見失っていたとコメントしているが、90年代の坂本についても同じことが言えないだろうか。80年代におけるエキセントリックで奇妙なエレクトロニクスは、90年代の主要作になると、その多くが保守的なポップの構成に取って代わっているからだ。

だが、嬉しいことに坂本は、いわゆる大衆迎合という獣から遠ざかるように、3つのフェイズをクリアした。彼は再度、自身のエキセントリシティと向き合い、今回はさらなる先端へと向かったのである。ブラック・カルチャーへのインフルエンサーであった坂本はその後、ある時期においては他の音楽と同様にブラック・カルチャーからも刺激を受け、最終的には、つまり2000年代に入ってからは、自身の思考の赴くままに、アブストラクション（抽象芸術）を進んで受け入れた。これらが3つのフェイズである。

私個人のことをいえば、彼の3つ目のフェイズにもっとも感銘を受けている。はっきり覚えているのは、『async』が発売された時、私はこのアルバムと親密な関係になったのである。私は坂本の音楽ならなんでも聴くというファンではなかったし（私個人が長いあいだ、ピアノそのものが苦手だった）、彼の興味の対象と私のそれとが重なることもなかったが、常にその存在を感じていた。しかし『async』がリリースされ、メディアも熱狂して騒ぎ立てると、私は好奇心を覚え、みずからのエゴのために大切な何かを見逃すのを避けようと、このアルバムを深く掘り下げてみることにした。私はリリース当時、ワタリウム美術館で開催された『async』関連の展覧会にも足を運んだ。告白すると、最初に聴いたとき、私は戸惑いを覚えた。1曲目〝andata〟の葬送的なエレジーと物憂げなパンチ、それに続くケージのような不確定な〝disintegration〟は、サウンド的には崖から落ちるような感覚を覚える。メロディは心地よく、眠りの行進のなかで死を語っているような――当初私に突きつけられたこうした混乱は、しかし何回も聴いているうちに、最終的には彼の天才的な魔法であることがわかった。私は彼が、ひとつの感情を14曲の異なる方法で説明しているのだと思った。

私が人生で学んだことのひとつに、最初に混乱を覚え、何かを理解しにくいと思ったら、実はそれこそがもっとも重要なアートだということがある。そういった作品は、時間をかけて受容することが鍵となる。坂本龍一の驚くべき世代を超えた一連の物語には、私たち皆が時間をかけて受け取るべき黄金の聖杯がまだまだあるのだ。

＊Tricia Rose quote from "Black to the Future" by Mark Dery

緊那羅：デジラ／Kinnara: Desi La
ニューヨーク出身、東京在住。電子音楽家／3Dアーティスト／グラフィックデザイナー。
https://kinnara-desila-afrovisionary-creations.bandcamp.com/

Enormous Discography

YMOの坂本龍一楽曲

文：三田格

どこを始まりにするかで迷うYMOだけれど、ここはコンパクトに78年11月リリースの『Yellow Magic Orchestra』から。59年にマーティン・デニー『Quiet Village』に収録され、エキゾチック・サウンドの代表曲となる〝Firecracker〟を「ドナ・サマー風にやってみたらどうか」という細野晴臣のアイデアが発端となってシンセサイザー・ユニットが組まれ、坂本龍一も細野の誘いに「時間があればやってもいい」と答えて参加することに（内心はかなり嬉しかったらしい。坂本はすでに細野のソロ・アルバム『Paraiso』に3曲で参加していた）。坂本龍一のクレジットは「キーボード、エレクトロニクス、パーカッション、オーケストレイティッド」とあり、アレンジや演奏には全曲で参加、作曲は〝Tong Poo〟のみ（以下、本稿では作曲のみを取り上げる）。〝Tong Poo〟はYMOの初期イメージを決定した曲のひとつといえ、半音ずつ上がっていくモチーフは〝Firecracker〟に準じ、縦横無尽な細野のベースに重ねられたシンセ・ベースは明らかにジョルジオ・モロダーを意識しているものの、転調の多さがそれとは感じさせず、後半でフリー・ジャズ風のピアノが鳴り続けるかと思えば、主旋律の軽快さは高橋幸宏作〝Rydeen〟の呼び水になったとも思える。〝La Femme Chinoise〟、〝Mad Pierrot〟と合わせてゴダール作品からタイトルが付けられたことも有名で、対旋律の豊富さといい、ピアノ1台で再現は不可能に思える曲を坂本は時代に合わせてアレンジし直し続け、ライヴでも長きにわたって演奏し続けた（雅楽とのセッションも）。

翌年にリリースされた『Solid State Survivor』にはピンク・レディーが歌うことを想定してつくられた〝Technopolis〟や鬱々とした〝Castalia〟、そして、マイケル・ジャクソンとのいわくも喧しい〝Behind the Mask〟の3曲。細野のチョッパー・ベースが申し訳程度に入る以外、ストイックなまでにシンセ・ベースで押し通した〝Technopolis〟は〝Tong Poo〟とは比べ物にならないほど曲が単純化され、ティー・イー・シー・エイチ……とボコーダーでスペルを読み上げる部分がビートとずれていくのがやはりとても楽しい。当初は〝Suspiria〟と名付けられていたという〝Castalia〟は教授の後半生におけるポテンシャルを感じさせる曲でもあり、この曲を『Solid State Survivor』で採用した細野もすごい。編集者の父、坂本一亀が世に出したことで知られる三島由紀夫『仮面の告白』から着想を得たという〝Behind the Mask〟は海外のライヴで反響が高かったことからYMO自身も認識を新たにし、坂本に至っては何十年もこの曲がなぜ受けたかを考え続けたという。これも半音ずつ上がっていく構成は〝Firecracker〟と同じくで、ゆったりと大空を舞っている雰囲気は当時のバリー・ホワイト〝Love's Theme〟や高中正義〝Blue Lagoon〟とも似た雰囲気。

YMOの人気に嫌気がさし、「アンチYMO」というコンセプトで『B-2 Unit』をつくっていた時期の坂本は細野&高橋の変化に足並みを揃える気がなかったのか、『増殖』に提供した〝Citizens of Science〟はこれだけが『Solid State Survivor』を引きずったサウンドに感じられる。性急なアレンジは当時のXTCやビル・ネルソンズ・レッド・ノイズを思わせ、なるほど『B-2 Unit』がイギリスのニューウェイヴに触発されていた事実と符合し、高橋との〝Nice Age〟は循環コードを駆使しながらビートルズ〝I Am the Walrus〟をディスコ化した感じか。堂々とした曲調には彼らの自信が表れている。

録音にほとんど不参加だったという『BGM』には〝Music Plans＝音楽の計画〟を提供。ハンドクラップのプリセット音やランダムに打ち鳴らされるスネアなどかつてなくリズムに凝った曲で、ここまでメロディを放棄してしまった教授は珍しい。〝Technopolis〟では勇ましく鳴り響いていたホーンが悲壮感を伴うムードに変化し、初期のヒューマン・リーグがことさらに無機質であることを強調していた感じや大仰なギターは教授が当時好きだったというマガジンの退廃にも通じる。自分が参加しなかった〝Cue＝キュー〟を聴いて坂本はYMOの後半の音楽性が決定したと判断したそうで、（アンリ・ミショーの麻薬体験にちなむ）「〝Thousand Knives〟みたいな曲をつくって」という細野のオファーに対して「だったら〝Thousand Knives〟をそのままやればいい」と答え、楽観的な坂本ヴァージョンは重苦しいYMOヴァージョンに様変わりする。エスニックなパーカッションにロバート・フリップを思わせるメタリックなギターを重ねた坂本ヴァージョンはちょこまかと16で刻んだベースを基調にビル・ネルソンが当時、ドイツ表現主義に凝っていたセンスで覆い尽くされ、どこか閉塞感を感じさせる雰囲気でまとめられた（ビル・ネルソンはその後、『浮気なぼくら』でギターを担当）。また、〝Happy End＝ハッピーエンド〟は実験的な音響作品で、当時はつかみどころがない作品に思えたものの、後にオーケストラや『Playing the Piano』で取り上げられたヴァージョンを聴くと意外と普通のクラシックに聴こえ、妙に驚かされる（童謡をシンセサイザーで弾くとみんなYMOに聴こえる現象の逆ヴァージョン?）。また、坂本のソロ・シングル「Front Line」には〝Happy End〟にパーカッションやストリングスを足したヴァージョンがカップリングされている。

坂本が積極的に参加していないとはいえ、坂本の『B-2 Unit』に触発された細野＆高橋が1ヶ月ちょいで録音した『BGM』に対して、7ヶ月近くかけて録音された『Technodelic』には〝Taiso〟〝Prologue〟〝Epilogue〟の3曲と、高橋との〝Seoul Music〟に〝Light in Darkness〟を。電子楽器を一切使わなかった〝Taiso〟は「ジョン・ケージのプリペアード・ピアノみたいなミニマルをつくって」という細野のオファー（細野は後に坂本のミニマルが好きと発言）が異次元で固定観念を逆走し、現代音楽をコミカルにアレンジしたフライング・リザーズへのアンサーへと結実する。テープの逆回転やバス・ドラムの仕事っぷり、あるいはSEのタイミングなどフライング・リザーズが〝Taiso〟に落としている陰はかなり濃い。かつて坂本は現代音楽の行き詰まりとロックの台頭のなかでどっちへ進むべきか考えているミュージシャンはドイツに多いはずだという思いからクラウトロックを舐めるように聴いていたらしく、フライング・リザーズことデイヴィッド・カニンガムはそれとまったく同じ問題意識をダブによって乗り越えたことで坂本の気を引くに十分だったのだろう。明るくて楽しい〝Taiso〟はダブというファクターには頼らず、カニンガムのヴィジョンをミニマルと擦り合わせることで新たな道を開いている。ちなみに坂本が後にフーン（hoon）名義でカヴァーするエリック・サティ〝Gymnopedie No.2〟が〝Taiso〟のアンビエント・ヴァージョンに聴こえてしまうのは僕だけか?対照的に〝Prologue〟から〝Epilogue〟への流れは内向的で暗い世界への旅となる。この振幅は一体何に由来するのだろう。高橋との〝Seoul Music〟でも聴き取れるエスニックかつインダストリアルなパーカッション・

ワークはガムランで幕を開ける坂本のソロ作『Esperanto』でさらに全面開花していく。〝Prologue〟〜〝Epilogue〟はポップ・ミュージックとしては難解な部類だけれど、アヴァン・ギャルドとしてはまだ入り口でしかない。

解散することはすでに決まっていたという『浮気なぼくら＝Naughty Boys』はそれまでと比較にならないほど気軽につくれたアルバムだったらしい。坂本が考えたモチーフを膨らませた〝君に、胸キュン。（浮気なヴァカンス）〟を皮切りに〝過激な淑女〟や〝以心電信（You've Got to Help Yourself）〟といったシングルはいずれも3人による共作で、退廃という受け止めも虚しいコマーシャル・スーサイド（笑）。クラフトワーク〝Showroom Dummies〟にブラマンジェが転調パートを加えたような〝音楽＝Ongaku〟は娘である坂本美雨のためにつくられたらしく、ほかにトレヴァー・ホーンがジャパンを再結成させたような〝邂逅＝Kai-Koh〟とOMD風の〝希望の河＝Expecting Rivers〟が坂本作。特筆すべきは〝Wild Ambitions〟で、これが坂本と細野にとっては唯一の共作となった（12年に高橋幸宏トリビュート・アルバム『Red Diamond』にMO名義で〝Happy Children〟をカヴァーし、DVDのみの『EX Theater Roppongi』(15)でも2人で16曲を演奏するも共作はなし）。00年代に入ってからだったろうか、坂本のラジオに細野が出演し、あらたまって2人で話すのはこれが初めてという驚くべき事実をどちらかが口にし、2人は仲が悪かったこと、そして、そのことを細野が「父親に甘えられない坂本が自分を父親がわりにしていたのではないだろうか」と分析する展開に。細野は坂本がいつも自分に突っかかってきたと回想すると、そうした自覚はなかったと反省し、父との難しい関係を語り、坂本は40歳を過ぎて初めて父親と喧嘩することができてようやく大人になれたと述懐する。2人の会話はまるで公開セラピーのようであり、YMOという磁場が持っていた複雑さの一端が垣間見られたような瞬間でもあった。別なところで坂本は「歳とったら友だちができたみたいだ」ともいい、関係の変化がどれだけ大きいかを想像させた。そうしたことを加味して〝Wild Ambitions〟を聴くと、YMOにしては耐え忍ぶような抒情と妙なトゲトゲしさが共存するナゾが解けたような気がしてくる。ニュー・オーダーを先取りしたエレクトロのリズムに卒業式のようなメロディと、時おりビートルズ〝Let It Be〟が顔を出すのはやはり「終わり」という意味なのだろう。

『Service』では高橋とのしっとりとしたシティ・ポップ調〝Shadows On The Ground〟、YMOとしては『BGM』に回帰した〝See-Through〟、坂本単独では加藤和彦を思わせる〝Perspective〟を。映画『PROPAGANDA』用に書いた〝M-16〟は〝Happy End＝ハッピーエンド〟にやや展開を足したような曲。YMO再結成として騒がれた『Technodon』は全体に当時のクラブ・ミュージックに影響された曲が多く、坂本単独では〝Castalia〟を淡くしたような〝Nostalgia〟とジョーイ・ベルトラムばりのメタル・ハウス〝Chance〟。07年に実質的なYMO再集合となったHASYMO名義では映画『Ex Machina　エクスマキナ』の主題歌〝Rescue〟と翌年の〝The City of Light〟と〝Tokyo Town Pages〟もシンプルで優しい境地。アウシュヴィッツ強制収容所の標語をもじった坂本の伝記『音楽は自由にする』（新潮社）によると坂本がYMOの演奏を楽しめるようになったのはその時期からで、その10年後、２０１８年6月24日、ロンドンのバービカンセンターで行われた細野晴臣のコンサートに偶然、居合わせた坂本と高橋が飛び入りし、〝Absolute Ego Dance〟を演奏したのがYMOとして最後の演奏となった。１９７８年2月19日に初めて顔を合わせた3人にとって１４７３６日目のことだった。

オリジナル・ソロ・アルバム　1976～1979

Enormous Discography

文：内田学

若き日の坂本龍一をして「不遜な小僧」と切り捨てたのは、誰であろう数十年後の坂本自身だった。よく知られるように、高校時代から、大学生にまじって学生運動にのめり込み、しかしどこのセクトにも属さず、ただただ純粋に新左翼として、70年代安保闘争に加わった。しかし、その闘争も最終的に浅間山荘事件まで過激化するにともなって運動自体が失速し、「僕たちは負けたわけだから」と潔く坂本自身も学生運動から離れていく。行き場を失った坂本には音楽があったものの、音楽面でも70年代安保闘争の終焉と同様に、モダンの前衛からポストモダンの迷宮に迷い込んだらしい。浅田彰いわく坂本のヒット曲〝Behind the Mask〟になぞらえて、仮面を器用に付け替え、様々な音楽を器用にこなす「音楽機械」に変貌したのだと。その説にしたがうなら、この時代の坂本は主に2つの仮面を器用にすげ替えていたように思う。ひとつは藝大音楽学部生として、すでに残滓と化していた、現代音楽作曲家としての仮面。もうひとつは、フォーク、ロック、フュージョン、電子音楽となんでも器用にこなすセッション・ミュージシャンとしての仮面である。

ほとんど大学には顔を出さなかったという坂本だが、モラトリアムを引き延ばすためか、「留年するつもりだったが、教授に諭され仕方なく作曲した」という。〝反復と旋〟（『Year Book 1971-1979』収録）が、その修士課程修了作品である。この〝反復と旋〟の方は残滓の現代音楽ながらも独自性があると言える。実際、自分の曲を滅多に自賛しない坂本でさえ、「自分なりの技法で作っていて、これを続けていたら、ひょっとしてそれなりの変わった（現代音楽）作曲家になっていたかもしれない」と述べている。この楽曲はネイティヴ・アメリカンのチャント（宗教的な唱歌）を参考にしたという。当時、東京藝大で教鞭を取り先駆的な民族音楽学者であった小泉文夫に多大な影響を受けたと自認する坂本らしい楽曲といえる。

もうひとつの仮面が、１９７５年あたりから、まだ東京藝大在学中ではあったが、職業としてのスタジオ・セッション・ミュージシャンとしてのものである。新宿ゴールデン街で偶然に知り合った、すでにプロのフォーク・シンガー、友部正人の〝ひとり部屋に居て〟にピアノ演奏で参加したのが、坂本のミュージシャンとしてのプロ・デビューとなる。後のインタヴューで、「フォークは嫌いだった」と語る坂本が、どんな音楽でもこなす音楽機械ゆえに、職業音楽家として、好き嫌いに関係なく仕事をこなしていたとも言えるが、実際のところ、本人いわく「肉体労働よりギャラが良かったから」というのも本音だろう。

　時を同じくして、友部と同様、終生の盟友となる山下達郎などを通じて、音楽機械としてセッションの幅を広げていく。職業音楽家としての坂本が、腕の良い編曲家であったことは間違いなく、サーカスの〝アメリカン・フィーリング〟で1979年の「日本レコード大賞」で編曲賞を受賞している。非常に優秀な機械であることが世間にも認められたわけだ。

　そして、その交友範囲は、当時、賑わっていたニューミュージックや、ロック、ジャズから発展したフュージョンのミュージシャンとの関わりを深めていく。矢野顕子しかり、高橋幸宏しかり、渡辺香津美しかり、そして当時すでに日本語によるロック・ミュージシャンとしての地位を確立していた細野晴臣。この時点で、YMOのメンバーが勢ぞろいしていたわけである。この1975年からYMO結成の1978年までの間、坂本は、昼間は職業音楽家、夜中は自作の制作と、まさに終日フル稼働を続けながら、とうとう念願のファースト・ソロ・アルバム『千のナイフ』にまでこぎつけるのである。

　この時期の坂本の特に注目に値する参加作品が、後のYMOの原型となる細野晴臣の『Paraiso』への参加である。事実上の細野晴臣のソロ・アルバムだが、ミュージシャン表記は「細野晴臣&イエロー・マジック・バンド」となっている。もちろん坂本龍一も高橋幸宏も参加しているイエロー・マジック・バンド。その名からしてもその後の展開は推して知るべしである。

　『(ナスカの記憶) 非夢の装置 或いは半共同体関数の音楽』(『Year Book 1971-1979』収録):『千のナイフ』の布石となる電子音楽家としての坂本の軌跡をまずおさえておく必要がある。それは、『千のナイフ』と同じ1978年に開催された現代音楽作曲家による、湯浅譲二なども名を連ねた『個展』シリーズへの参加である。幸いなことに、この音源は保存されていたのである。いかにも現代音楽らしいタイトルが付されているが、内容は連結された13章が続くもので、むしろ現代のいわゆるノイズ・ミュージックに先立つものなのだが、今の耳で聴くと、むしろメルツバウや灰野敬二、中原昌也との類似性を感じる。多重録音によるシンセサイザーの音源に、坂本の即興演奏を加えて、当時、寺山修司界隈で活動していた3人組即興バンド、火地風水がサポートしている。先ほど現役で活躍するミュージシャンとの類似性を挙げたが、ここに感じるのは何といってもシュトックハウゼンの強い影響である。当時の日本で、まだまだ先端の楽器であったシンセサイザーの代表格といえば、冨田勲、そして喜多郎であった。冨田は日本にシンセサイザーを紹介したようなパイオニア的ミュージシャンだが、リリースする楽曲はシンセサイザーを用いた西洋クラシック音楽の忠実なカヴァーであった。そして喜多郎と言えば、いち早くジャポネスクを取り入れた作風で知られるが、喜多郎と坂本の決定的な差異は、喜多郎が西洋のマーケットにおもねるようなジャポネスクだったのに対し、坂本はあくまで、正反対の姿勢で、シンセサイザー独自の可能性を模索し、現代音楽の手法なども取り込んでさらに即興性をも重んじたのである。そしてこの作品こそが、『千のナイフ』以前に、その音源を聴いた細野晴臣を唸らせYMOへの参加要請を固く決意させるのである。

『千のナイフ』:『千のナイフ』とYMOのファースト・アルバムの発売時期は1ヶ月しか離れていない。順序は『千のナイフ』が先になるが、タイミング的にどう考えても並行して制作していたのは間違いないだろう。昼間は生活のためにセッション・ミュージシャンを続けていたというから、一体いつ寝ていたのだろうと思うが、本人は「特技は徹夜です」などと語っていたそうだ。それでも1日24時間では計算が合わないと言わざるを得ない仕事量である。

その作品の冒頭を飾るのが表題曲"Thousand Knives"だが、ファースト・アルバムの冒頭にふさわしいヴォコーダーによる詩の朗読から始まる。聴いても一体何を言っているのか、何語なのかさえわからない。が、通説では、毛沢東が1965年に記した井岡山を訪問したときに作成したと伝えられる詩なのだそうだ。過去の坂本の回想で記憶に残っていることといえば、真夜中に作業をしながら、「世界に向けてこのアルバムを制作していた」との発言である。この曲の主題も中国のペンタトニック（民族音楽等にある音階。5音で構成されることが多く、構成により様々な民族音楽の特徴を持つ）を用いながら、連結部には西洋的、フュージョン的なテンション・ノートを含む部分転調をともなうパートがある。初期のYMOでも坂本が多用した編曲法なので、当然の類似だと言えよう。この民族音楽的な要素を取り込む手法は、細野の場合1950年代にアメリカで起こったマーティン・デニーなどのエキゾチカを逆輸入するという手法と、坂本が東京藝大で小泉文夫から授けられた、音楽文化論的なアプローチが接合したものではないだろうか。また、すでにこういったエスニック的傾向を持っていた細野の『Paraiso』に、坂本が先立って参加していたことの影響もあるだろう。冒頭曲〝Thousand Knives〟同様、アルバムの代表曲と言ってもよい〝The End of Asia〟。筆者はこれを「アジアの終焉」の意と捉えていたのだが、どうもそうではなく。単に「極東（Far East）」を指すようだ。「世界に向けて制作していた」というだけあって、「極東より世界に向けて」という意味だったのかもしれない。いずれにせよ、上記の2曲はこのアルバムに留まらず、YMOやソロ・ワークでもアレンジを変えながら、ことあるごとに取り上げられている。坂本龍一はこのアルバムを持って、セッション・ミュージシャンから、ソロ・アーティストへと変貌したのであり、それは続くYMOの時代の幕開けとなったのである。

『サマー・ナーヴス』：純粋なソロ・アルバムではないものの、1979年にはジャズの世界でよくあるように、初リーダー・アルバムである『サマー・ナーヴス』もリリースしている。すべての曲を坂本が編曲しており、坂本のネットワークの総括といえるミュージシャンたちとのセッション作品で、矢野顕子、高橋幸宏、渡辺香津美（大人の事情で渡辺はアブドゥーラ・ザ・〝ブッシャー〟と変名で参加）に〝Neuronian Network〟の作曲で細野晴臣も加わり、YMO関係者全員が参加している。内容は坂本を相手に凄腕のフュージョンやロックのミュージシャンとの競演を格闘技の引き分けになぞらえたもので、アルバムのコンセプトとしては企画物の要素が強い本作だが、プロデュースとしてはセールスを意識してか、当時、日本に流入してきたレゲエのテイストがほぼ全編に施されている。面白いのは、ルーツ・レゲエではなく、ラヴァーズ・ロック風の、軽く聴きやすい、今で言うところのジャパニーズ・シティ・ポップと親和性の高い要素を備えていることであった。それにしても、坂本はもとよりスキルの高いセッション・ミュージシャンたちとの競演は見事である。坂本の編曲家、演奏家としての才能を知るのに、適したアルバムと言える。

少年少女合唱団みずうみ
『海や山の神様たち
ここでも今でもない話』
1975

『宇宙～人類の夢と希望～』
1978

『千のナイフ』
1978

坂本龍一 & カクトウギセッション
『サマー・ナーヴス＝
Summer Nerves』
1979

大学院在学中から演奏や編曲の数々で名を高めていた坂本龍一が全曲で作曲も手掛けた唱歌集が少年少女合唱団みずうみ『海や山の神様たち　ここでも今でもない話』(75)。64年に設立されたみずうみは〝ウルトラマンタロウ〟や〝ヤッターマン〟の歌唱で知られ、今作の編曲も坂本と〝アイヌの宝物〟を除いて山下達郎が共同で手掛けている（２曲でシュガー・ベイブがコーラス。作詞は六文銭の及川恒平。演奏はカーティス・クリーク・バンドのリズム隊と伊藤銀次ほか)。〝海を守る神様〟や〝星のある川（リコップオマナイ）〟などすでに坂本メロディが頻出し、〝天の滴〟は〝Ballet Mécanique〟の遠い祖先。〝神様の絵〟や〝ピリカコタン〟はスライ風のファンクだったり。復刻の要望が年々高まり、07年、ついにCD化。『宇宙～人類の夢と希望～』(78）はダン・コフリンによるNASAがどうしたという朗読のレコードで、バックグラウンド・ミュージックや効果音を坂本龍一が担当している。ジョン・ケージよろしくＴＶの音やジョー・ミークの曲をごちゃまぜにコラージュし、坂本初期のミュジーク・コンクレートといったところか。ほかに本文にも登場する『ナスカの記憶』など70年代の未発表曲はコンピレーション『Year Book 1971-1979』に多数収録されている。(編集部)

オリジナル・ソロ・アルバム 1980～1989

Enormous Discography

文：デンシノオト

1980年、坂本龍一はオリジナル・ソロ・アルバムとしては2作目『B-2 Unit』をリリースする。今でこそ坂本の傑作として高く評価されているアルバムだが、国内の「YMO狂騒」に疲弊していた坂本による「反・YMO」「アンチ・ポップ」として制作されたものであった。共同プロデューサーに〈PASS〉の後藤美孝を迎え、XTCのアンディ・パートリッジ、グンジョーガクレヨンの組原正、エンジニアのデニス・ボーヴェル、スティーヴ・ナイらによって制作された。いわば当時のニューウェイヴ／ポストパンクの空気を存分に吸い込んだ作品だ。「反・YMO」という意味では、YMO関係からは大村憲司のみが参加するという徹底ぶりだ（細野晴臣は本作収録の〝Riot in Lagos〟を高く評価し、その後YMOのツアーでも演奏されることになった）。アルバムのベースは、お馴染みのアルファの「スタジオA」で制作された。その後にロンドンに渡り、デニス・ボーヴェルのスタジオ80、スティーヴ・ナイのいる「エア・スタジオ」で完成させたという。曲としてはその後のエレクトロニック・ミュージックに多大な影響を与えた〝Riot in Lagos〟が有名だが、今の耳で聴くと骨組みだけのリズムがダブ効果によってズレていく〝Differencia〟、ミニマルなビートに組原正のノイジーなギターが炸裂するエクスペリメンタルの極地〝Participation Mystique〟も鮮烈だ。いっぽう唯一のヴォーカル曲〝Thatness and Thereness〟は、60年代学園紛争の光景が断片的にフラッシュバックするような言葉とメロディを展開し、坂本の創作のベースに60年代末期が根底にあることも伝わってくる。じっさい『B-2 Unit』は、クセナキスやシュトックハウゼンの60年代の電子音楽・現代音楽のような実験性を80年代初頭のテクノ／ポストパンクの土壌で再生するような意図があったはずだ。

YMO『BGM』制作時のバンド内の確執を経て、互いに歩みよったことで充実したアルバムとなった『Technodelic』に大きな達成感を得た坂本は、それまでのギスギスした空気感が融解していくような感覚を覚えた。その空気感は1981年にリリースされたオリジナル・ソロ・アルバム『左うでの夢』にも反映されている。もともとはMというテクノ・ポップ・バンドで知られていたロビン・スコットとの共同制作としてスタートしたプロジェクトだったが、方向性の違いから分裂。『左うでの夢』は坂本のソロ・

アルバムとして仕上がった（いっぽうロビン・スコット側もEP『The Arrangement』として完成させる）。前作では参加していなかった細野晴臣と高橋幸宏が参加しているのもYMO的なものへの憎悪が薄くなってきたことの表れだろう（本当の「雪解け」がスケッチ・ショウ以降だとしても）。加えて全体に坂本の朴訥としたヴォーカルがフィーチャーされているのもアルバムの柔らかなムードを醸し出すのに一役をかっている。ポップな奇妙で可愛らしい〝サルの家〟など本作を象徴する曲といえよう。何より坂本龍一特有の親しみやすいミニマルなメロディの魅力も大きい。翌年の『戦メリ』で開花する坂本メロディの原型が横溢しているのだ。

『左うでの夢』リリース後、坂本が、レコーディングに参加したロビン・トンプソン（管楽器）、立花ハジメ（ギター／サックス）、永田純（ベース）、鈴木さえ子（ドラム）、沢村満（サックス）らとB-2ユニッツを結成、1981年から1982年にかけてライヴを敢行した（彼らの音源は『Year Book 1980-1984』に収録された）。

1983年、自らも出演し、音楽も担当した大島渚の映画『戦場のメリークリスマス』が公開された。同年にリリースされた『CODA』は、その『戦メリ』のサウンドトラックの曲をピアノで演奏したアルバムである。坂本初のセルフ・カヴァー・アルバムにして、初のピアノ・アルバムでもあった。もともとは『Avec Piano』というカセット・ブックでリリースされたもので、レコード化もされ『CODA』となった。若き坂本の力強くも繊細なピアノを満喫できるのも魅力だが、レコード化に際し、追加収録された〝Japan〟〝Coda〟も注目したい。完璧なミニマル・ミュージックである〝Japan〟の、即興的なピアノとシンセサイザーのミニマムなアンサンブルと音響は、00年代以降のアルヴァ・ノトやフェネスとのコラボレーションによって展開される音楽の先駆けのようでもある。

『戦場のメリークリスマス』、そしてYMO散開と節目となった1983年を経て、1984年に名作『音楽図鑑』をリリースした。YMO散開前の1982年10月24日から録音が開始された。以降、スタジオを借り切り、完成までに1年10ヶ月の歳月がかかったアルバムでもある。『音楽図鑑』の制作期間は、YMOのアルバム2枚、矢野顕子、大貫妙子のプロデュース、

YMO散開ツアーなどと重なっており、多忙を極めていた時期だ。しかし坂本は録音のために、スタジオに通いつめた。そしてコンセプトも定めず「シュールレアリズム的な自動筆記」のように曲を録音していったという。「音楽も脳がつくる」と考え、無意識にでてくるものを書き留めるように制作を重ねていったのだ。結果、アルバム収録された以外の曲も膨大になった（のちにリリースされたリマスター版「2015 Edition」にはアルバム未収録曲が多数収録されたCDも収められた）。アルバムには旧知の山下達郎、高橋幸宏、細野晴臣、さらにヤン富田、近藤等則などが多数参加している。曲としては、高橋幸宏、細野晴臣も参加した〝TIBETAN DANCE〟や坂本史上最高の名曲として挙げる人も少なくない〝SELF PORTRAIT〟を収録している点もポイントが高い。また坂本が敬愛する現代美術家ナム・ジュン・パイクの名を記した〝A TRIBUTE TO N.J.P.〟（坂本の藝大時代である75年から76年ごろに作曲されたという）や、レコーディング後期に導入されたフェアライトCMIを全面的に用いた〝M.A.Y. IN THE BACKYARD〟も、その後のピアノ・アルバムでも演奏されるなど、坂本の代表曲と言っていい曲である。個人的にはドビュッシーやフランス印象派の系譜としての作曲家・坂本龍一の浮遊感に満ちた曲が展開する〝MA MERE L'OYE〟にも注目したい。日本的な感覚と子供たちの合唱、フェアライトCMIを用いて作られたエレクトロニックな感覚が交錯し、80年代中期の濃厚なアンビエンスを醸し出している。

1985年、モダン・ダンサー／振付師モリサ・フェンレイからの依頼を受け坂本龍一は前衛舞踏のための音楽を制作する。その音源は、アルバム『Esperanto』としてまとめられた。『Esperanto』も『B-2 Unit』と同様に坂本にとって重要な作品として取り上げられるアルバムである。フェアライトCMI、サンプリングを駆使して制作された楽曲は、ミニマルにして逸脱的な音響が展開されており、未知のサウンドによって生成されるガムラン音楽のようなムードだ。金属的な音がミニマルに反復するサウンドは、まさに「架空の民族音楽」。アルバム・タイトルはルドヴィコ・ザメンホフが考案した人工言語「エスペラント」からきているという。1曲目〝A WONGGA DANCE SONG〟などメタリックな打撃音と痙攣的なリズムが交錯しアルバムを象徴する曲といえよう。〝THE〝DREAMING〟〟や〝DOLPHINS〟など女性の声をカットアップするように導入した曲は、当時最新テクノロジーを用いて、新しい音楽・音響を生み出そうとする気概に満ちてもいる。バラバラの音楽部品を組み合わせるかのようにサンプリングを用いた作曲は極めてポストモダン的だ。また〝A HUMAN TUBE〟は不協和音が用いられた管弦楽的な雰囲気を持った曲である（この曲に限らないが、『Esperanto』にはどこか「ポストモダン伊福部昭」とでも称したい「日本の現代音楽」的雰囲気がある）。〝ADELIC PENGUINS〟ではアート・リンゼイのノイズ・ギターが導入された。来日したフェリックス・ガタリが「ダンスはつまらないけれど、音楽は素晴らしい」と絶賛した逸話も残されているなど、まさにニューアカ／ポストモダンの時代のムードが濃厚にパックされたアルバムである。

『Esperanto』でミニマル／ポストモダンな前衛舞踏音楽をものにして、大きな達成感を得た坂本だが、翌1986年には一転してポップ／ロックのダイナミックな音楽性を全面的に展開する『未来派野郎』をリリースした。20世紀初頭に勃興したイタリアの前衛芸術運動「未来派」の名を持つこのアルバムは、フェアライトCMI、Emulator II、ヤマハのDX7など当時最先端のシンセサイザーを用いたエレクトロニック・アルバムである。〝Broadway Boogie Woogie〟や〝G.T.II°〟などロックのドライヴ感に満ちた曲も収録され、これまでの室内楽的だったり実験的だったりする作風とは異なる曲を収録している（録音前に参加したパブリック・イメージ・リミテッド『Album』からのフィードバックも少なからずあったのかもしれない）。加えて坂本調のリリカルな曲〝黄土高原〟や〝Ballet Mécanique〟も収録されている点も重要だ。特に、岡田有希子に提供した〝WONDER TRIP LOVER〟をリアレンジした〝Ballet Mécanique〟は、90年代において坂本がプロデュースした中谷美紀〝クロニック・ラヴ〟に姿を変えたり、やくしまるえつこと砂原良徳、さらに槇原敬之もカヴァーをするなど息の長い人気曲となった。

そのいっぽうで『Esperanto』直系のミニマルな曲〝Milan, 1909〟も収録されている点も重要だ。朗読は細川周平の未来派の解説をマッキントッシュのソフト、Smooth Talkerで生成した合成音である。さらに〝Variety Show〟はメタリックな打撃音に「未来派」の提唱者マリネッティの演説がラップのようにレイヤーされる曲である。ポップな曲の影に隠れがちだが、この実験的な2曲こそアルバム『未来派野郎』の「未来派」というコンセプトを反映したコアとなる楽曲なのかもしれない。ノイズ（騒音）を芸術とするイタリア「未来派」に、80年代中盤の坂本がインスピレーションを受けたこのアルバムは、99年のオペラ『LIFE』のように「20世紀の総括」を目論んでいたと今ならば言えるのだろうか。このアルバム後、坂本はベルナルド・ベルトルッチ監督の『ラストエンペラー』に参加する。イタリアとの深い縁はその後も続いていく。

出演・音楽を担当した映画『ラストエンペラー』が公開された1987年に、アルバム『Neo Geo』をリリースする。共同プロデュースはビル・ラズウェル。前述したPIL『Album』に坂本が参加して以来の縁である。沖縄音楽やバリ島の音楽など民族音楽を採り入れており、その意味でも85年の『Esperanto』から連なる作品とも言えるし、そのコンセプトをよりポップな音楽性で展開したアルバムともいえる。加えてイギー・ポップが参加した〝RISKY〟も収録されているなど、民族音楽のみにとらわれず、「新しい音楽地図」を提示する意図があったという。中でも〝NEO GEO〟では、ロックと沖縄音楽とケチャなどの民族音楽をミックスした興味深い曲を展開している。これほどの雑多な要素を展開する曲であっても、とっ散らかることなく、クールにまとめる手腕（腕力とでもいうべきか）は、まさに80年代の坂本龍一。ほかにも野見祐二が作曲し「坂本以上に坂本らしい」〝FREE TRADING〟、〝NEO GEO〟と対になるようなファンクな〝SHOGUNADE〟、フォーシスターズのヒット曲をカヴァーした〝OKINAWA SONG - CHIN NUKU JUUSHII〟（ドラムはなんとスライ・ダンバー）など、時間も国境も超えるような音楽性を展開している。そして何よりアルバム冒頭と終わりに置かれた坂本による短いピアノ曲〝BEFORE LONG〟と〝AFTER ALL〟もロマンティックで素晴らしい。この2曲は、90年代以降のピアノ・ソロ楽曲の先駆的な曲かもしれない。

1988年の『ラストエンペラー』アカデミー賞受賞後、盛り上がるバブル景気と、ジャパン・アズ・ナンバーワンの空気の中、坂本龍一は〈ヴァージン・アメリカ〉と契約し、いよいよ「世界進出」に乗り出す。しかし坂本は、「日本代表」として見られることを激しく拒絶しており、徹底的に「個」であることを貫こうとしていた。そのような状況の中、〈ヴァージン〉から最初のリリースとなったアルバムが『Beauty』である。作詞や演奏の一部にはアート・リンゼイも参加している。

『Neo Geo』と同じコンセプトを受け継ぐこのアルバムは〝安里屋ユンタ〟や〝ちんさぐの花〟などの沖縄民謡をアルバムの基調としつつも、スライ&ロビーのスライ・ダンバーとブライアン・ウィルソンを迎えた無国籍ファンクな〝Calling From Tokyo〟、ユッスー・ンドゥール歌唱の〝DIABARAM〟、ヴォーカルにロバート・ワイアット、ブライアン・ウィルソンまで迎えたローリング・ストーンズのカヴァー曲“We Love You”、スティーヴン・フォスターの〝Romance〟、サミュエル・バーバーの〝ADAGIO〟などを収録し、西洋と東洋、日本とアフリカ、日本と沖縄、民族と個人、都市と自然などを交錯させ、いわば多様・多彩な「新音楽地図」を描くような音楽性を展開している。ほかの坂本のアルバムに比べてカヴァー曲が多いのも特徴である。いわば世界の楽曲を再解釈して提示することで、「全世界音楽地図」を書き換えるような気概に満ちたアルバムなのである。まさに「ネオ・ジオ」音楽の完成版とでもいうべき作品だ。何より〝ちんさぐの花〟で三線の向こうから聴こえるロマンティックな坂本龍一のシンセがとにかく素晴らしい。ここまでロマン派的資質を全面に出した彼の演奏／音楽も珍しいといえる。

いずれにせよワールド・ミュージック・ブームを背景にしつつ、キップ・ハンラハンの〈アメリカン・クラーヴェ〉的なNYの空気感を反映したアルバムである。多様な民族がうごめくNYの雑踏のような音楽とでもいうべきか。80年代坂本龍一の到達点ともいえる傑作だ。

2 1

4 3

6 5

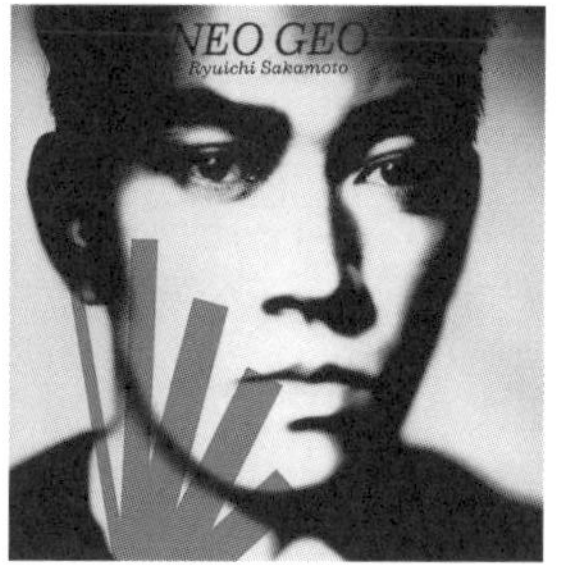

8 7

1. 『B-2 Unit』 1980
2. 『左うでの夢』 1981
3. 『Coda』 1983
4. 『音楽図鑑』 1984
5. 『Esperanto』 1985
6. 『未来派野郎』 1986
7. 『Neo Geo』 1987
8. 『Beauty』 1989

タイトで、マッシヴに——千のサウンド①

Enormous Discography

文：三田格

本書の数カ所を読むだけで坂本龍一が『音楽図鑑』をリリースした後に方向性を見失っていたことはよくわかる。そもそも『音楽図鑑』自体が初のノー・コンセプトで、自分自身を自動生成機械に見立てて音楽史の果てと格闘しているようなところがあった。長い試行錯誤の末に『音楽図鑑』を完成させた坂本は、続く『Esperanto』(85)と共に「やりきった」という感想を漏らした一方、当時、「スタジオボイス」(84年12月号)で行った高橋源一郎との対談で「新しいものはもうない。いまはアレンジしかない(大意)」と(自分自身ではなく)音楽史そのものが行き詰まっているという認識を示し、彼自身のロジカルな音楽づくりが袋小路に入っていることを時代の危機感へと転化していた。この時期はトーマス・ドルビーをフィーチャーした〝Field Work〟のカップリング〝Exhibition〟など本当に完成度の高い曲が多く、余力を残さずに「やりきった」ことが自分を追いつめるほど徹底したものだったことがよくわかる。『Esperanto』の完成したステージを観て刺激を受けたのか、そうした袋小路を打開するのは身体性への関心で、80年代後半の坂本は「譜面」には書き込まれない「汗」に活路を見出していく。『音楽図鑑』から2年後にリリースされた『未来派野郎』のヴィジュアルそのままに「体を動かすこと」と言い換えてもいい。『未来派野郎』のツアーを収めた初のソロ・ライヴ・アルバム『Media Bahn Live』の映像にはYMOで直立の姿勢をとっていた坂本はもういない。機敏に体を揺らし、追加公演ではグレイス・ジョーンズのような髪型になり、コンピュータを一切使わずに楽器演奏だけでステージを成立させた坂本は、自分の音楽に肉体という要素をねじ込んでいく喜びを全身で表現している。同ツアーは最初はうまくいかず、「譜面通りに弾こうとするな。もっと好き勝手に演奏してくれ」とバンドのメンバーに坂本が説教をかましたところから急に良くなったという逸話もある。翌年になってFM東京「不思議の国の龍一」で坂本は「実はブラック・ミュージック大好きおじさんです」と自己紹介し、スライの〝Thank You〟を始め、「YMOのルーツです」といってアラン・トゥーサンを紹介したり、いつも通り入門編となる回(このやり方は「スコラ」の原型といえる)や、ウォーやトラブル・ファンクなど突っ込んだ選曲を聴かせる回もあり、アフリカ・バンバータが〝Riot in Lag

OS〞を「テーマ曲のようにして何度もDJでかけてくれたこと」に喜びを隠さない一幕もあった（ヒップホップについては多様な発言があるのでここでは省略）。YMOの2人にリズム面でコンプレックスがあったと発言していた教授は、ブラック・ミュージックの潜在力をロジカルにキャプチャーし直し、彼の音楽づくりに新たな章を設け始めたのだろう。人はコンプレックスを克服しようとする時、どうしても過剰になる。様々な音楽ジャンルを自分のものにしてきた坂本がブラック・ミュージックならではのリズムに言及することはその後も衰えず、アル・ジャクソンへの言及など、「スコラ」などで繰り返し発見があると話していたことは印象深い。

『Media Bahn Live』の映像を観ながら、僕はそして、どこかで観たことがあるなとも思っていた。そう、RCサクセションである。坂本がRCに興味を持ったきっかけは忌野の歌詞である。〝い・け・な・いルージュマジック〟のドラムやベースを坂本が多重録音してつくったということは、音楽性に対する興味は最初はそれほどでもなかったことを示唆している。『左うでの夢』に歌詞をオファーしたものの、忌野にすぐには書いてもらえなかったところに資生堂から坂本＆忌野という組み合わせで〝すてきなルージュマジック〟のキャンペーン・ソングをつくらないかという依頼があり、チャンスと捉えた坂本は忌野を説得し、翌日の渋谷東映で……というストーリーは有名なので省略。出来上がった曲を初めてラジオでオン・エアする際、坂本はゲストに忌野を呼んだNHK－FM「サウンドストリート」で〝あの娘のレター〟をまず最初にかける。坂本は当時、生放送で電通を辛辣に批判したり、自分で作曲をしたCMソングを流しながら「買わなくていい」とコメントするなど広告業界には適度な距離を置いていた。そんな時にサントリーのCMで〝あの娘のレター〟の♪退屈な～という忌野のヴォーカルが聞こえてきて驚いたといい、広告業界にもまだチャレンジ精神があると思えたのだろう。忌野が放つ「退屈」や「いけない」というネガティヴ・ワードを広告業界は消化・吸収し、表現の幅を広げることができるのか。「枠組みを壊す」という課題に坂本は意欲を掻き立てられたのだろう。ヴィジュアルのイメージは『八つ墓村』だったという〝い・け・な・い～〟はそして、CMとして話題を呼んだだけでなく、当時はまだ珍しかった男性が化粧をして、しかもＴＶの歌番組でキスをするというパフォーマンスを行ったことで〝お茶の間〟に想像以上のインパクトを与え、朝までＴＶ局に苦情の電話が鳴り止まなかったと伝えられている。坂本からしてみれば多くは言葉に興味を覚えて始めたプロジェクトが予想以上に身体性を肥大させ、ロボットのような動きで面白がられていたＹＭＯとは対極のパフォーマンスを体験したわけである。さらに『Esperanto』やビル・ラズウェルとの交流が決定打となった（1時間以上に及ぶ「Inkstick Session」が後に『Year Book 1985-1989』に収録）。坂本のサウンドはドラスティックなまでに骨太でマッシヴになり、〝Merry Christmas Mr. Lawrence〟でさえこの時期はかなりタイトに演奏されている。

80年代後半、汗まみれで体を揺らす『Media Bahn Live』が授業をサボってトランジスタ・ラジオを聴いていた高校生のその後の姿であれば話はすっきりする。しかし、坂本が高校全共闘だったことはあまりにも有名で、それこそ「いつかサム&デイヴのようなソウル・レビューをやりたい」と思っていた忌野の欲望が坂本に転移したかのように見えてくる。ＹＭＯの宣伝担当だった近藤雅信によれば細野晴臣から聞いたラヴロックのガイア思想を坂本にうろ覚えで話したところ、一週間後には坂本の方が詳しくガイア思想を説明してくれたという。坂本は子どもができたことで環境問題に興味を持つようになったと随所で語っているかもしれないけれど、それ以前から細野の欲望が坂本に転移したと考えることも可能だろう（『Heartbeat』制作時に坂本はガイア思想を強く自覚したと発言している。坂本とニューエイジについてはウェブ版ele-kingの記事を参照して下さい）。なんというか、人生で出会った人たちの欲望がどんどん坂本に転移し、それらをみんな叶えていく人だったというか（坂本自身の欲望は、では、何だったのか？　小学生の頃、「将来何になりたいか」と聞かれて「ない」と答えたそうだけど）。

いずれにしろ坂本は『Neo Geo』でさらにファンク路線を徹底し、彼にしては珍しくスライそのままの〝SHOGUNADE〟などブラック・ミュージックとデジタルの融合を80年代後半の優先課題とする。「同じ機械の打ち込みでも日本人がやると奥行きがなくてベタッとしてしまう（大意）」という発言など時期的にも坂本がデトロイト・テクノに向かわなかったのは謎でしかないけれど、坂本なりのヴィジョンが彼の目の前に拓けていたことは確か。坂本は先のラジオでブラック・ミュージックを身体性と強く関係のある音楽として捉え、「スポーツ感覚は絶対ある」と主張し、音楽表現のなかで身体感覚が独立して存在できることを示唆していた（こういった感覚は忌野には皆無で、彼のソウル・ミュージックは精神と切り離すことができず、身体と精神が調和していなければ表現が成り立たないタイプだった。話が逸れるので詳細は省略）。それこそ坂本にはデビュー当初から体力勝負のところがあり、体が発揮できるポテンシャルが格段に高かったことが想像できる。坂本は中学時代にピアノをやめて10ヶ月もバスケットボールをやっていたそうだし、新宿高校で親友だったという塩崎元官房長官（安倍内閣！）は訃報を聞いて坂本が早くからいい体格をしていたと回想していたり、フリー・ジャーナリストの岩上安身による動画配信ではデモに行く時は機動隊に蹴られてもいいように濡らしたマンガ雑誌を腹に巻き、ヘルメットのなかにも入れていたという武勇伝を語るほど肉弾型だったのである（＊）。そのようなポテンシャルを解き放てば、骨太のグルーヴが生み出されるのは必然だったろう。YMOのデビュー盤が世界発売される際にベースが強化された例もあるように、本格的な世界進出の前にこうしたプロセスを経たことは実に幸運なことだった。坂本のファンクネスはそして、2年後には剥き出しではなくなり、アカデミー賞受賞後に坂本が世界に向けて放った『Beauty』ではもっと洗練されたかたちへと変容していく。こうした「アレンジ」の巧みさはさすがとしか言いようがない。『音楽図鑑』の後で見失った方向性はリズムの質を高めて『Beauty』として正確な着地を果たしたのである。坂本が以前よりも身体性をナチュラルに打ち出す様は「D&L Live」で〝美貌の青空〟や〝羽の林で〟をファンクにアレンジしたり、「D&L Live」から10年ぶりにバンド編成で2005年にツアーを行い、〝Rain〟をディスコ風に演奏してみたりと実に様々だし、『B-2 Unit』と、23年後にその再帰的側面を有した『Chasm』を聴き比べてみるとさらにわかりやすい。『B-2 Unit』が放っていたトゲトゲしさを、YMOや大衆ではなく、戦争を傍観してしまう世界に向けて反復させた時、『Chasm』は生身に切り込んでくるような身体性をこれでもかと感じさせ、闇雲に打ち出されていた音の切っ先は実に正確に対象を射抜いていく。坂本の意志は肉体の裏打ちを得て、攻撃性が持つ生々しさをよりリアルに倍増させたのである。若い頃、ありとあらゆるものに向けられた攻撃性も美しいものだけれど、対象を明確にし、ある一点に絞り込まれた時の攻撃性はもはやエレガントのひと言である。

注＊そんなにもデモに明け暮れて、よく指を潰さなかったと思うけれど、同番組で坂本はかつて自分が日参していたデモには批判的で、平和的なサウンドデモを評価し、ネットで中継されているデモの音をリアルタイムでサンプリングし、これに加工を加えた音源をフリーで公開すると、これがまたフィードバックされてデモ隊が活気づくという新たなコール＆レスポンスを生み出した。こんなことをやったミュージシャンは世界中でも坂本だけではないだろうか。

オリジナル・ソロ・アルバム　1990～1999

文：三田格

ファンクを取り入れて、たとえば〝We Love You〟のように洗練させていく80年代後半の流れから、少なくともリズム面ではデトロイト・テクノに進めばロマンティックに目がない坂本の音楽も一層の輝きを増しただろう。しかし、実際に坂本が90年代に入って歩を進めたのは雑食性の高いハウス・ミュージックだった。これはニューヨークというロケーションがそうさせたと考えるのが自然で、シカゴとNYではハウスはまったく違う進展を遂げ、坂本のそれにシカゴを参照した形跡はない（彼のラジオ番組にデモ・テープを送っていたテイ・トウワが前の年にディー・ライトとしてNYで成功を収めたことが少なからず影響したと思われる）。ことあるごとに飽きっぽいことをアピールしてきた坂本はそして、『Heartbeat』（91）でサウンドを一新させただけでなく、初めて政治的メッセージを曲にのせたことは驚くに値する。高校全共闘の時でもメッセージ・ソングは違うと思っていたそうだし、RCサクセション『カバーズ』（88）への参加もおそらくはそれが理由で見送ったと筆者は邪推しているからである。NYで一緒に仕事をしていた会計士が奨学金を得た代償に湾岸戦争に召集され、彼が無事に戦地から帰ってきたとはいえ、そのような国家の仕組みに怒りを覚えたということが坂本の伝記『音楽は自由にする』（新潮社）には記されている。ジャケット・デザインが赤っぽく染まっているのは「血まみれ」の意、〝Triste〟で「イラクに子どもの骨を拾いに行っても、それはもう高熱で溶けているだろう（大意）」とフランス語のラップは続く。

『Heartbeat』の翌年を坂本は「スパニッシュ・イヤー」と呼んでいる（前掲書）。『Heartbeat』に収録された〝Epilogue〟の全体に相当する世界陸上東京大会開会式の組曲〝大地からの誕生〟〝火の儀式〟〝英雄の舞〟など（作曲のみ。編曲は鈴木行一）に続いて、バルセロナ・オリンピックでも交響曲〝El Mar Mediterrani（地中海のテーマ）〟を作曲・指揮し、海の表情の豊かさや波と風を同時に表現したり、オーケストラでノイズを演奏しているような部分があったりと、これがまたしても世界的な評価を上げると坂本は「自分にはラテンの血が流れている」とか「南ヨーロッパは第2の故郷」と言い出すほどシンパシーを高め、結果、南欧だけでなく、南米も視野に入れて、いわばスペイン語圏の文化と共振しながら『Sweet Revenge』（94）への道を拓いていく。60年代に馴染んだラテン・ポップスやそれらを受容していく過程でヨーロッパが生んだミッシェル・ルグランやフランシス・レイといった坂本の原風景がタイトル曲を皮切りに『Sweet Revenge』には随所で息づき（それはモンディーノのジャケット写真に強く表象されている）、これらをアップデートするためにハウス・ミュージックが活きたのである。坂本はかつて彼のラジオ番組でそうした作曲家たちの師匠にあたるのがラヴェルやドビュッシーであり、このふたつの世代で決定的に違うのは「映画音楽をやったかやらなかったか」だと語り、そうした認識が坂本自身を映画音楽家として位置づける根拠になっていることをほのめかしていた。前の年にはスペイン映画では初めてサウンドトラックを手掛けた『ハイ・ヒール』も公開されていて、さらにいえば、この当時、メキシコで始まった映画の復興運動「ヌエーヴォ・シネ・メヒカーノ」からキュアロン、デル・トロ、イニャリトゥの3人が頭角を表し、イニャリトゥが後に坂本とタッグを組んだのはもはや運命だったとしか思えない。どう考えても映画に呼ばれ、映画に愛され続けた坂本龍一という感じがしてしまう（イニャリトゥが選曲した坂本のコンピレーションには『Sweet Revenge』から〝Tokyo Story〟と〝Same Dream, Same Destination〟が選ばれている）。また、面白いのはこの時期、レイヴ・カルチャーから派生したチル・アウトというリスニング・スタイルにアトム・ハート（リサ・カーボン・トリオ）が逸早くコミットし、同時期に坂本と細野もラウンジ・ミュージック・リヴァイヴァルの先鞭をつけていたこと。今井美樹をフィーチャーした〝二人の果て〟はジェントル・ピープルより3年早く、アトム・ハートとラウンジ・リヴァイヴァルに関してはYMOのラテン・カヴァーも含めて話が長くなるので割愛。アトム・ハートによる〝上を向いて歩こう〟のカヴァーが坂本は気になるようだった。

続いて『Smoochy』（95）。一般的な価値観ではこれが最後のポップ・アルバムである（坂本は以降、自分の姿をジャケットやインナーにほとんど載せなくなる）。70年代にピラニア軍団、80年代に忌野清志郎と組んだ坂本龍一はどうしても芸能界の雑音と手を組みたがるようで、90年代にはダウンタウンとゲイシャ・ガールズを結成。『Sweet Revenge』で自家薬籠中のものとしたフォーマットを『The Geisha Girls Show』（95）であらかた消費してしまう。これに引きずられたのだろう、『Smoochy』は坂本史上、最もJーポップ色の濃い内容となり、〝Tango〟のように前作を引き継ぐラテン・ムードも残しつつ、そうしたポップス回帰が「いちゃつく」とか「抱き合う」という意味のアルバム・タイトルに表れている通り、どこか高度成長時代の日本に漂っていた猥雑さを想起させ、いくつかは大映ドラマのテーマ曲や渋谷系にも聴こえてくる。いや、むしろ、この時期の日本は世界でもかなり面白い音楽文化の発信地だったのであり、コーネリアスやカヒミ・カリィ、あるいはピチカートVがいる場所に坂本も少なからず反応していたと考えるべきだろう。

坂本自身は『Smoochy』についてポップであることをことさら意識したのにうまくいかなかったと認識しているようで（前掲書）、それはある種のジョークだと思うけれど、もしも本気だとしたら、自称・分析虫とまで言っていた坂本が時代を読めなくなったと白状しているようなものである。坂本はかつてFM東京「不思議の国の龍一」でバート・バカラックを特集する際、60年代のポップスにあふれていたロマンティシズムはその後にやってきた革命の予兆を孕んでいて、バカラックを聴いても（みんなと違って）自分にはBGMのようには聴こえないと述懐していた。そして、その通り、『Sweet Revenge』や『Smoochy』で表現されていた情緒過多は再演集『1996』（96）を挟んで『Discord』（97）という大きな反動を呼び込むことになる。ルワンダ紛争がきっかけで一気に書き上げたという『Discord』はいわば夢見心地から騒乱への転換、それこそ全共闘時代の気分を追体験する作業に相当したのだろう。抑制された悲壮感。動くことを許されない感情。出口のない状況をじっくりと描写した『Discord』は初のフル・オーケストラ録音だった『El Mar Mediterrani』にあった穏やかな部分やこの世界を肯定する気分を振り落とし、多少の反転部分はあるものの、85年につくば万博で行なったパフォーマンス『TV War』に特徴的だった強硬姿勢を崩さず最後まで不穏なムードで突き進む。圧縮された伊福部昭というのか、この時期は〝Rain〟のピアノ演奏でさえどこか怒ったような感じがあったり、ミレニアム以降に加速度をつける坂本の表現はすべてがこの時に始まったと考えたくなるほど『Discord』は熱い衝動で溢れかえっていた（『Discord』は多くの人にベートーベンやマーラーを想起させるらしく、坂本本人は後期ロマン派を評価せず、『Esperanto』のコンセプトが「マーラー解体」だったことは一部では有名な話で、しかし、『Discord』からさらに15年が経過した頃、マーラーに批判的だった筆者に「自分も昔はいいと思わなかったけれど、最近になってマーラーがわかるようになってきた」と話してくれたことがある）。ただし『Discord』にとりかかる動機が「ルワンダ紛争」というのは微妙にナゾで、ミレニアム前後に坂本は何度もケニアを訪れるなど東アフリカに興味を募らせていたらしく、同じ地域で起きた事件だったから興味を持ったとか、そういうことだったのだろうか（ルワンダ紛争の重要指名手配犯カイシェマが逮捕されたのは坂本が亡くなった約2カ月後）。アフリカを出た人類の祖先が最初の定住地として選んだマレーシアにジョン・ハッセルが強くこだわったように、坂本は人類の起源と関係が深い土地にのめり込んでいたということなのだろうか。ちなみに〝Riot in Lagos〟は当初、ナイジェリアで暴動が起きたという意味だと思っていたら、そうした事件が起きた形跡はなく、ナイジェリアの首都にはライオット＝フェラ・クティがいるという意味ではないかと最近は思えてきた（だとすれば、ヒップホップの人たちに受けたのは当然だったかも）。

　情緒過多のポップスから一気にストイックに跳ね返った表現は、さらに原点回帰を意味する『BTTB』（98）へと橋渡される。同作の制作過程は後藤繁雄との共著『skmt』（リトルモア、ちくま文庫）に詳しく、「自分にとって、何かが見えた。という感じ」「ベーシックっていうのは、60年代のこと」「どうやったのか、何も覚えてない」など衝動が持続していることを感じさせる発言が目につく。ピアノだけをひたすら弾き続けるスタイルは後に『Playing the Piano』がシリーズ化されて10年以上続いたことを思うと重要な方法論の転換だったことは確かで、また、『BTTB』に合わせてリリースされた〝Energy Flow〟（『ウラBTTB』所収）が180万枚のヒットとなり、ポップ・アルバムよりも手癖に任せてつくった〝Energy Flow〟の方が売れたという事実は坂本をしばし混乱させたとも聞く。もしかするとこの頃から坂本は頭で考える楽しみよりも体で感じることに表現の比重を移し、後に「21世紀になってから坂本さんの作品はディシプリンやストラクチャーより偶然性やフィーリングを優先した」のかという内田学の問いにも「そうだね」と同意するタイプに変化し始めていたのだろう（「スタジオボイス」２００９年4月号）。

浅田彰をアドヴァイザーに迎えた『TV War』が焦点化していた「戦争」を、さらに「共生」というテーマで包み込み、フル・オーケストラによって壮大なヴィジョンに拡大したものが90年代の仕事を締めくくったオペラ『LIFE a ryuichi sakamoto opera 1999』。『El Mar Mediterrani』や『Discord』で表現した複雑な感情を何倍ものスケールにヴァージョン・アップさせ、映像やバレエなど様々なメディアをミックスして再構築した一大スペクタクルである。『LIFE』を評して内田学は次のように書いている――「19世紀の音楽に深く影響を受けた坂本が、20世紀の音楽を総括し、さらに21世紀への希望を託した」。「最後に持ってきたのは、世界各地の伝統的な歌唱による合唱曲」で、「まだ希望が残されていることを示唆することによって、聴衆は救済される」と。

坂本龍一にとって90年代は60年代の再生であり、再定義だった。愉楽と闘争。慈悲と反米。ポップ・アルバムから交響曲への急転直下はロマン主義の両側面であり、これはフィッシュマンズがムードを一変させた時期ともぴったり一致している。ポストモダンのひとりよがりが断末魔を迎え、漠然とした不安に引きずり込まれていく日本がこの時期の作品にはしっかりと刻印されている（山下敦弘監督『どんてん生活』から岩井俊二監督『リリィ・シュシュのすべて』への変化も同じく）。坂本龍一のパッションがここまでダイレクトに打ち出された時期はない。いまさらだけれど、もっといろんなタイプの交響曲を聴いてみたかった。

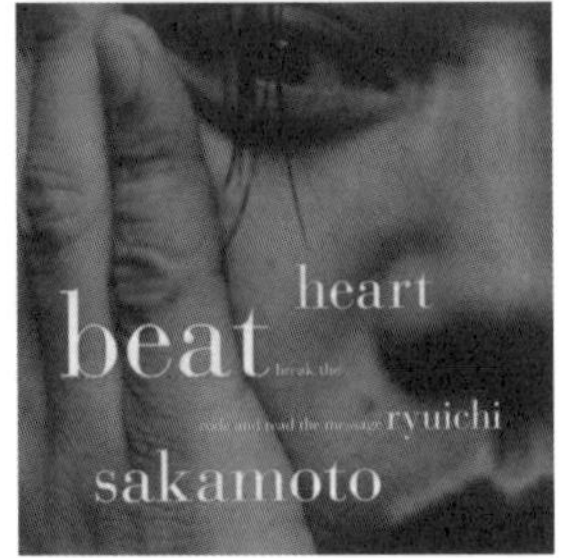

2 1

4 3

B
T
T
B

6 5

AUDIO LIFE
RYUICHI SAKAMOTO

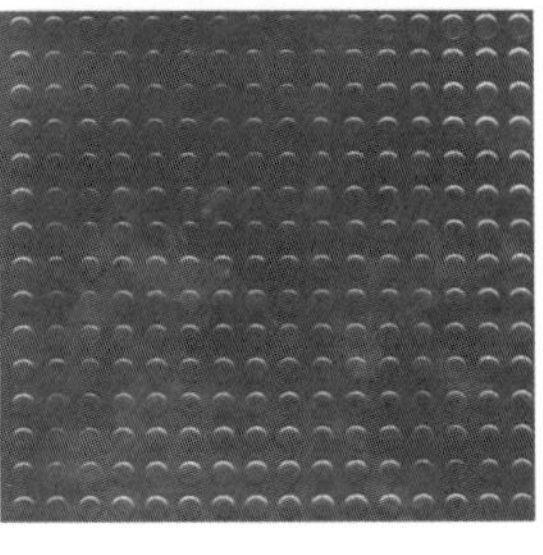

8 7

1. 『Heartbeat』 1991
2. 『Sweet Revenge』 1994
3. 『Smoochy』 1995
4. 『1996』 1996
5. 『Discord』 1997
6. 『BTTB』 1998
7. 『Discord (Gütninja Remixes)』 1999
8. 『Audio Life』 2000

オリジナル・ソロ・アルバム　2000〜2023

Enormous Discography

文：デンシノオト

2000年から2023年のあいだに坂本龍一がリリースした「オリジナル・ソロ・アルバム」は、『Chasm』（2004）、『Out of Noise』（2009）、『async』（2017）、『12』（2023）の4作である。リリースは『Chasm』は〈ワーナーミュージック・ジャパン〉、『Out of Noise』、『async』、『12』の3作は坂本が主宰するレーベル〈commmons〉からリリースされた。

科学未来館用の楽曲などを収録した『Comica』は、「00年代以降の坂本の電子音楽」を考える上で重要な作品だが、既存曲収録という意味でオリジナル・ソロ・アルバムではない。また、スタジオ録音作品のピアノ・アルバムは、『/04』（04）、『/05』（05）、『THREE』（12）がリリースされている。こちらは再演盤とすべきだろう。アルヴァ・ノト、フェネス、テイラー・デュプリーなどの電子音響／エレクトロニカ・アーティストたちとのコラボレーションが活発になったのもこの時期だ。さらに10年代初頭まで続いたスケッチ・ショウ〜HAS〜HASYMO〜イエロー・マジック・オーケストラとの活動なども並行して行われた期間でもあった。また、1999年のオペラ『LIFE』以降、『LIFE—fluid, invisible, inaudible...』など、高谷史郎とのインスタレーション制作も継続して行われた20年だった。最終的に坂本は2022年にダムタイプのメンバーに加わる。「札幌国際芸術祭2014」のゲストディレクターにも就任した。

社会活動が本格化した20年でもあった。2000年に地雷ゼロキャンペーンのために世界各国の音楽家による期間限定ユニットN.M.L.を結成し、〝ZERO LANDMINE〟を書き下ろした（細野晴臣や高橋幸宏も参加）。2001年9月11日のアメリカ同時多発テロや2011年3月11日の東日本大震災や福島原発の事故などが、坂本の社会活動をより本格化させる要因にもなった。

90年代までの坂本は20世紀の総括を行っていた。対して00年代以降は、目前にある21世紀の現実・現在を見据えて活動し、そこから歴史と未来を語るという方法論に変化した。その結果、坂本の活動は、音楽活動と、社会全般への問題提起を行う社会運動と拡張する。2014年以降の病と闘病の日々。さまざまな状況の変化は、オリジナル・ソロ・アルバムにも反映されていくことになる。

2004年にリリースされた『Cha

sm』は、00年代初頭あたりから交流が始まったカールステン・ニコライやフェネスなどの電子音響アーティストから影響を受けた作品だ。以降、20年に渡って追及される坂本の「音響＝響き」をめぐるアルバムの最初期に位置付けられる作品でもある。またイラク戦争に対する危機感を内包したアルバムでもあった。ソロ・アルバムにポップな要素を残すことを考慮に入れていた最後のアルバムともなった。韓国のMC Sniper、スケッチ・ショウの2人、小山田圭吾が参加したエレクトロニカ・ヒップホップ〝undercooled〟がアルバム冒頭を飾っていたし、デイヴィッド・シルヴィアンがヴォーカルを担当した〝World Citizen-I won't be disappointed / looped piano〟（２００３年にリリースされたシングル「World Citizen-I won't be disappointed」の原曲）も収録されている。ニューバランスCM曲のヴァージョン違い〝Ngo / bitmix〟や、スケッチ・ショウに提供した〝wonderful to me〟のようなエレクトロニカ・ファンク、〝+pantonal〟などのビートの入った曲も聴くことができる。その後の坂本のアルバムはビートレスな楽曲でまとめられているため、今となっては貴重なアルバムとなった。一方、〝coro〟では小山田圭吾とカオスパッドのみで制作したパンソニックなみにインダストリアル・ノイズ・トラックを披露する。イラク戦争への絶望感や憤りをポジティヴな力に変えていくような〝War & Peace〟では、アントニオ・カルロス・ジョビン的なコードをスティーヴ・ライヒ的なミニマル・ミュージックと融合させ、さまざまな「声」をカットアップした実験的な曲だ。また、〝CHASM〟ではジョビン的な和声をグリッチ／ミニマルにエディットしてみせる（モレレンバウム2／サカモト『A DAY IN NEW YORK』に収録されたアルヴァ・ノトのリミックスからインスパイアされたのではないか）。その後のアルバムの布石として重要な曲としては、9分に及ぶアンビエント曲〝only love can conquer hate〟がある。ケニアのトゥルカナ湖で録音された水の音などが用いられ、00年代以降におけるサカモト・アンビエント・ドローンの雛形とでもいうべき曲である。

　２００９年、坂本は『Chasm』以来、5年ぶりのソロ・アルバム『Out of Noise』をリリースした。この5年間、坂本は過去の曲を再演したピアノ・アルバム『/04』と『/05』を、２００４年と２００５年に発表しているが、これらピアノ・アルバムでも『Chasm』で展開された顕微鏡的な音響のミニマリズムが、ピアノ演奏にも影響を与えたことを聴き取ることができる。これまでの坂本のピアノは縦の線がきっちりと揃った精密なものだったが、『/04』以降は、ミニマルでグリッチな電子音響のように「揺らぎ」をもった演奏へと変わっていったのだ。この微細な音の「揺らぎ」は、その後の坂本の音楽に大きな痕跡を残すことになった。『Out of Noise』もまた、顕微鏡的な微細に「世界を聴く」ことの意義を問い直す美しい音響・音楽作品である。アルバム冒頭の〝hibari〟は叙情的なピアノの旋律が反復し、やがてもうひとつのピアノも加わり、次第にズレていくという曲だ。このライヒ的なモアレ状のズレの感覚こそ本作の音響を象徴しているものといえよう。続く〝hwit〟は、イギリスの弦楽団フレットワークによるヴィオラ・ダ・ガンバを用いた曲で、全11声部が折り重なるように録音されている。いわば古楽（古楽器）の豊穣な「響き」を追及することで、アルヴァ・ノトやフェネスなどの電子音響にすら通じるような響きを抽出していくような曲でもあった。ちなみにこのアルバムでシンセサイザーは使われていないという。〝still life〟、〝in the red〟、〝tama〟、〝nostalgia〟などは坂本のピアノ、小山田圭吾、清水ひろたか、クリスチャン・フェネスのギター、東野珠実の笙、ロブ・ムースのヴァイオリンなどが複雑な揺らぎの中でレイヤーされ、柔らかく精密な音響空間が構築・生成されていくアンビエントだ。何より重要な曲は北極三部作〝disko〟、〝ice〟、〝glacier〟である。坂本はアルバム制作を始めたばかりの頃、グリーンランドを訪問することになり、そこで大きな刺激と知見を得た。帰国後、彼は、その地で録音したさまざまな音を用いたこのアンビエント曲を制作する。そうしてアンビエントとフィールド・レコーディングされた音たちが交錯し、冷たくも美しい音響空間が生成されている。北極三部作は、00年代以降の坂本の重要曲といえる。2017年の『async』にも連なる音響の萌芽がすでにここにあるからだ。

『Out of Noise』リリース後、坂本龍一は、2010年に大貫妙子との『UTAU』と、2012年に『1996』以来のピアノ・トリオ・アルバム『THREE』をリリースした。ピアノ、ヴァイオリン、チェロによる曲として再アレンジされた楽曲を収録した『THREE』は同メンバーのヨーロッパ・ツアー後にスタジオ録音されたものである。従来の曲に加えて〝Still Life in A〟、〝Nostalgia〟などの『Out of Noise』収録曲をトリオ編成で再演している点がポイントだ。『Out of Noise』で実践された「響き」への関心が継続的であることを示しているのだから。

何より『Out of Noise』リリース以降、ふたつの大きな出来事があった。2011年3月の東日本大震災と2014年、彼が62歳のときに発病した中咽頭がんである。

東日本大震災と福島第一原発事故は、00年代初頭から坂本の環境活動、社会活動を促進させることになった。しかし2014年の癌闘病によって、音楽と社会活動の両輪は、いったん停止することになった。

この人生を揺るがす大きな病を経て発表されたソロ・アルバムが2017年にリリースされた『async』である。このアルバムこそ、これまではどこかポストモダンな音楽職人として自らを規定していた坂本が、ひとりの音楽家として、自分自身の音／音楽へと辿り着いたアルバムである。ここに「震災」と「癌」の闘病という命に関わる重大な出来事が影響したことは言うまでもない。坂本の音楽に深い内省と受難への意識が生まれてきたと言うべきか。受難を超えて「世界」にある音を感じ、収集し、音楽・音響として提示すること。坂本はまるで一本の映画を作るように、音楽と音響の境界線を融解させる。そうして「音によるタルコフスキーのオマージュ」というべき見事な音響空間を生み出したのだ。アルバムはバッハの〝マタイ受難曲〟をモダン化したような美しい旋律の〝andata〟で幕を上げる。美しい旋律がノイズの渦の中に消失するように展開する楽曲だ。以降、このアルバムでは音（ノイズ）と音楽（旋律・和声）の新たな関係性を思考するような楽曲が展開されていくことになる。さまざまな硬質な音が断続的に鳴り響く〝disintegration〟、シンセサイザーによるレクイエムのような美麗な旋律が展開する〝solari〟、東日本大震災の津波の後に残された「津波ピアノ」とシンセサイザーの音が交錯する〝ZURE〟、草原を歩く足音を捉えたような〝walker〟、煌びやかな80年代的なシンセサイザーを聴かせる〝stakra〟、哀愁に満ちた半音を聴かせるピアノと電子音がする交錯〝ubi〟など、どの曲も、音の微細なざわめきに耳を澄まし、まるで森の中、一歩、一歩の歩みを進めるような静謐なサウンドスケープを展開している。中でもさまざまな「声」がカットアップされていく〝fullmoon〟は重要曲である。音（ノイズ）と音楽（旋律・和声）に加え「声」（音としての言葉）という坂本のもうひとつの関心がこの曲で全面化するのだ。繰り返される言葉は、ベルトルッチが映画化した『シェルタリング・スカイ』の原作者ポール・ボウルズの語る「人生は儚い。これから死ぬまでに満月を何度、見るだろうか」だ。そのうえ、各国語に翻訳された「声」もコラージュしていく。雑誌「新潮」に連載された自伝の題名「僕はあと何回、満月を見るだろう」にも引用されていることからも、坂本のこの言葉への思いの深さが分かる。そして最後にベルトルッチによって語られるボウルズの言葉の肌理の凄さ。これがベルトルッチ生前最後の声の録音だったというのだから驚いてしまう。そしてこれらの言葉／声に触発されるように坂本の電子音響も人生そのもののように深く響く。〝fullmoon〟と対になるように置かれているのが〝Life, Life〟だ。アンドレイ・タルコフスキーの父アルセーニィ・タルコフスキーによる詩をデイヴィッド・シルヴィアンが朗読する曲である。坂本の微かな光を感じさせるリリカルなシンセとピアノの旋律も、透明な電子音のアンビエンスも、どこか世界の雑踏から意識を浮遊させるような静謐さを持っている。アルバム最終2曲はより深いアンビエンス／アンビエントを生成する。霧のようなアンビエントを展開する〝ff〟は、霧の彫刻を生み出した中谷芙二子への敬意から「foggy fujiko」と付けられた曲だ。そしてアルバム最終曲〝garden〟は、音楽も音響も旋律も和声も響きも時間も空間も世界も、すべてが霧のなかで溶けあっていくような濃厚なアトモスフィアを生成する。この2曲が象徴するように『async』は、世界に満ちた現象（音、空気、霧）と人生（生と死）を交錯させ、不定形な「霧」のような音響を生成したアルバムだった。「霧」の音楽、「霧」の音響とでもいうべきか。

病を経て元気になった坂本は、２０１５年以降も、映画音楽、高谷史郎とのシアターピースの制作、東北ユース・オーケストラの音楽監督など、多忙な日々をおくっていた。だが2020年、直腸癌に罹患したことが判明した。２０２１年1月、癌の大手術を終え、東京の「仮住まい」に戻った坂本は、ある時、シンセサイザーの音を浴びるように音楽を録音した。以降、まるで日記をつけるようにいくつもの楽曲が録音されていったという。やがて曲は12のコレクションになり、必然のようにアルバムにまとめられることになった。当初は「12 sketches」と名付けられていたが、最終的に『12』となった。リリースは2023年1月17日。坂本龍一の誕生日である。アルバムは録音した日付になっているので、最初の曲は2021年3月10日、最後に録音された曲は2022年4月4日と分かる。亡くなるほぼ1年前の録音だ。シンセサイザーのソロ演奏〝20210310〟、ピアノと環境音と呼吸音のような音が交錯する音響作品〝20211130〟、〝20211201〟、〝20220123〟、坂本の作曲技法のルーツを示すようなピアノ楽曲〝20220302 - sarabande〟など、1人の音楽家が人生を通して求め続けた音楽、音響、そして響きが、ほとんど無加工のままそこに「ある」こと。素朴に、しかし美しく、「個」として、ここに「ある」こと。あえて言おう。『12』は坂本龍一による「もの派」の音楽ではないか。いや、みずからの音楽／音響の「もの」性に自覚的になったというべきかもしれない。アルバムのアートワークを「もの派」の李禹煥が手がけていることからもそれはわかる。李は坂本が長年憧れてきた現代美術家である。「霧」の音響・音楽の『async』と「もの」の音楽・音響の『12』。この二作こそ音楽と音の境界線を思考し続けた坂本龍一が行き着いた音の境地である。最高傑作といえよう。坂本は自身の人生の結晶とでもいうべき二作を残し、音楽家として最高のキャリアと共に世を去ったのだ。まさに完璧な音楽人生であった。

2 1

4 3

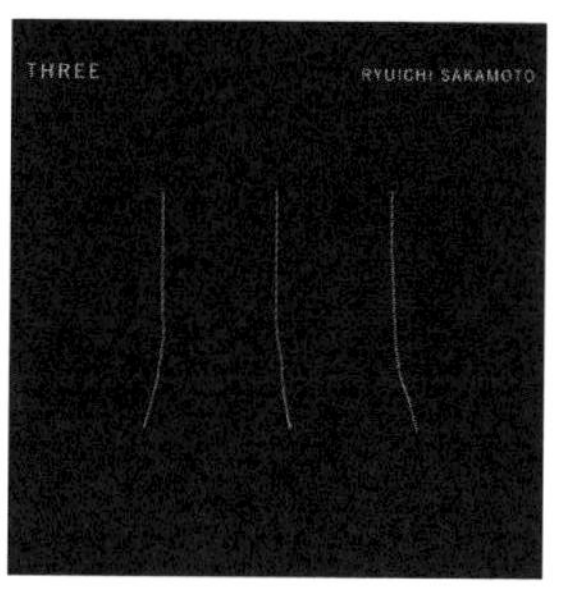

6 5

8 7

1. 『Comica』 2002
2. 『Chasm』 2004
3. 『Bricolages』 2006
4. 『Out of Noise』 2009
5. 『Three』 2012
6. 『Async』 2017
7. 『Async - Remodels』 2017
8. 『12』 2023

深く、広く——千のサウンド②

Enormous Discography

文：高橋智子

本稿は坂本龍一の音楽語彙（ボキャブラリー）の一端を探る試みである。もちろん、ここではそれらを網羅するのが不可能なのは承知のうえで、どのような視点から彼の音楽と楽曲に迫ることができるのか、その可能性をいくつか提示する。

坂本の音楽を簡単に言い表そうとすると、次のような言葉が浮かぶ——深く、広く。アカデミックな系譜の延長線上にある西洋音楽や前衛音楽から、ジャズ、ロック、ダブ、テクノ、ヒップホップ、世界の民族音楽、環境音楽、歌謡曲にいたるまで、彼の音楽は単に「幅広い」と表現するだけでは物足りないくらい広大な範囲に及び、その量も尋常ではない。J・S・バッハは生涯に1000曲以上もの楽曲を書いたと言われるが、坂本はそれを軽く超えるだろう。

「ここまで人の真似してやる人はいないっていうことですよね。人と違うことをやってみよう、みたいな価値観は全然ないですね。」（1）と坂本自身は語るが、彼は決して「浅く、広く」音楽を量産した模倣者ではない。一見、共通点が皆無な音楽同士を引き合わせて「坂本曲」に仕立てる手腕も作曲家・坂本龍一の独自性の1つであり、広義での彼の音楽技法と言えるはずだ。だが、彼の場合、多種多様な要素の単純なパスティーシュ（模倣による寄せ集め）に陥らないよう、各々の音楽とその都度、深く向き合ってきた。その様子は彼が携わった活動やプロジェクトの数々からうかがうことができる。

2001年、坂本が主唱した地雷撲滅キャンペーンのために制作された〝ZERO LANDMINE〟（2）は18分26分の壮大な楽曲。坂本が作った基本のリズム・パターンのトラックに、世界各国の音楽と様々なジャンルの音楽家がそれぞれの方法で関わり、1つの楽曲が編まれている。モザンビーク、ポルトガル、韓国に赴いて、その土地の音楽を地元の人々に演奏してもらい、自分が作ったトラックとの共演の可能性を探っていく坂本の様子をメイキング映像（3）が記録している。「どんなにこちらが『誠意』を持って固有の音楽を扱っても、どうしても内から見れば「外から」標本化していると聞こえるはず。搾取は誠意で救われるわけではない。」（4）ことを坂本は最初から認め、自己批判を繰り返していたようだ。彼の異文化に対する態度は、芸大時代に学んだ民族音楽学者の小泉文夫の教えによるものかもしれない。坂本は現場に足を運び、一人一人と対話を深めながら大人数をオーガナイズした。こうした彼の姿は何もこのプロジェクトに限ったことではない。

坂本の現場主義は彼が高校、大学時代に熱中した学生運動と1970年代半ばの、つまりYMO以前の彼の活動に遡ることができる。1975年頃に坂本は音楽批評家、音楽家の竹田賢一と共に学習団の活動を始める。音楽を通した社会変革に必要な理論を学ぶべく結成された学習団について、竹田は「革命がマルクスの文献の上にあるのではなく、銃を取った大衆の喜びや苦しみの中にあるように、音楽の変革も楽典やグラフィック・スコアの上にではなく、音を出したりその音を聞く人間の営為の裡にあるのだから」(5)と記した。

学習団の活動とほぼ同時期に、打楽器奏者の土取利行と共作したLP『ディスアポイントメント・ハテルマ=Disappointment-Haterum』(1976)は、ほとんど即興で進められたと思われる全4曲のどれもが物体(楽器)を叩いたり擦ったりして人間が音を出す行為そのものに焦点が当てられている。特に〝Music Differencielle 2〟の中に聴こえる呼吸音や声は、坂本の音楽には珍しく、身体性による生々しさを直に感じさせる。彼の音楽から久しく鳴りを潜めていていた物質性や身体性は、2017年のアルバム『async』で再び姿を現す。「同期しないこと」を意味する表題曲〝async〟は弦楽器の荒々しいストロークが暴走同然の勢いで反復される。ここでの反復は、坂本が影響を受けたミニマル音楽の、ある種の秩序だった反復とはまったく違う。

1976年に坂本は修士課程の修了作品としてオーケストラ曲〝反復と旋〟を書いた(『Year Book 1971-1979』収録)。1976年といえば、スティーヴ・ライヒが〝Music for 18 musicians〟を、フィリップ・グラスが〝Einstein on the Beach〟を世に出し、初期のミニマリズムとポスト・ミニマリズムとが境をなす時期である。学生時代、既に「西洋音楽はデッドエンドだ、この先に発展はない」(6)と考え、ロックや民族音楽その他の「アカデミックではない」音楽に活路を見出そうとしていた、彼なりの現代音楽が〝反復と旋〟だった。弦楽と木管による息の長い旋律で曲が始まると、アンティーク・シンバルと思しき鋭い金属音がそれに応答し、徐々に曲全体のテクスチュアが、飛び跳ねるようなリズムの「反復」へと移っていく。この対照的な2つがやがて混ざり合って一層複雑なテクスチュアを形成するにもかかわらず、曲の終わりは止揚による大団円ではなくて実に呆気ない。現代音楽の流行など関係なく書いたと坂本は語っているが(7)、はっきりとしたクライマックスがない点に、この曲とミニマリズムやポスト・モダンとの近似性が表れている。

現代音楽よりも、むしろそれ以外の種々の音楽に坂本の反復技法の独自性が際立っている。そのよく知られた一例がYMOの〝Taiso〟（１９８１）である。和音の構成音に基づくパターンが曲の間中、絶え間なく繰り返されて網目のようなテクスチュアを作っている。反復パターンのみに着目すれば、この曲は「普通の」ミニマル音楽だ。だが、タイトル〝Taiso〟のインパクト、クラフトワークの楽曲にも通じる率直で時に牧歌的な歌詞、細野晴臣によるベースラインといった諸要素が、このミニマル音楽をどこか肩の力の抜けた異質なポップ・ミュージックへと変えている。

現代音楽とポップ・ミュージック両方の領域で活動した先駆者といえば、武満徹である。坂本との共通点――日本人作曲家、映画音楽、ポピュラー音楽、日本の伝統楽器による試み等――が多い武満は「作曲家・坂本龍一」を語る際に参照すべき存在だ。有名なエピソードだが、〝ノヴェンバー・ステップス〟（１９６７）に代表される武満の音楽を「ジャポニズム路線」とみなした若き日の坂本は武満批判のビラを撒いた。武満は坂本の声に真摯に耳を傾けたという。だが、２００６年の谷川俊太郎によるインタヴューの中で、坂本は「日本人の音楽家として、人生の中で一度は、日本の音楽や楽器と対決して、乗り越えるか深めるという時期が、どんな音楽家にも来ると思います」(8)と語り、当時の武満を「ジャパネスク路線」と簡単に批判できるような問題ではなかったと述べている。(9)

２００４年のアルバム『chasm』を締め括る〝Seven Samurai – ending theme〟は篳篥、尺八と、中国の伝統楽器である二胡と箏が優美な旋律を奏でる。これらの楽器は坂本が弾くピアノと合わせるために、調律や音階がある程度「西洋音楽化」されており、坂本のピアノも完全に長調や短調とはいえない音階（ペンタトニック（五音音階）によることが多い）に基づいている。東洋（日本と中国の楽器）と西洋（ピアノ）は互いにどこかで落とし所を見つけないといけないのだ。

2010年の「箏とオーケストラのための協奏曲」（10）は4楽章構成で、冬、春、夏、秋による「4つの定常状態、あるいは人生」を音楽で描く。これと類似したコンセプトの楽曲として、ジョン・ケージの〝四部の弦楽四重奏曲〟（1949－1950）が思い出される。ケージが四季の移ろいのメカニズムを音楽で静かになぞったのに対し、坂本は箏とオーケストラで四季を大胆に表現した。坂本の箏協奏曲は箏独奏とオーケストラとの対比による古典的な協奏曲の様式を踏襲している。

日本の伝統音楽との関わりについて、最終的に坂本は武満に共感するかのような姿勢を見せた。だが、ポップ・ミュージックに関する2人のスタンスは異なる。武満には大衆と直接的に繋がっているポップスへの憧れがあったのではないかと推測する坂本は、「ただやはり、ポップスの世界から聴くと、武満さんのポップスよりの音楽っていうのは、やはりどこか甘さがあるかな」（11）と評している。一方、坂本にとってのポップ・ミュージックは憧憬の対象ではなく、彼はいつもその渦中にいた。子供の頃にビートルズに出会った彼は、バッハやドビュッシーと区別せずにロックや歌謡曲に触れてきた。ここに坂本の音楽を紐解く大きな鍵がある。

本稿の始めに「人の真似してやる人」と自身を描写する坂本の発言を引用したが、実際は違う。彼の音楽は一聴してすぐにわかる強烈な署名性を持っている。それは響き、つまり和音（コード）と、その連結に伴う和声（ハーモニー）である。かつて、坂本は「曲作りの際、和音とメロディーが全く同時に浮かぶ」と発言している。（12）これは彼の曲を聴けばすぐにわかる。例えば、今では様々なヴァージョンが存在する〝Ballet Mécanique〟（1986）はほぼ2拍ごとに、場面によっては1拍単位で目まぐるしく和音が変わる。坂本の言う通り、旋律と和音が一体となって動いているのだ。この逐語的ともいえる和音の用法は、1つか2つの和音を引きのばしながら音量を強めてクライマックスを演出するロックやパンクとは対照的である。

ポップスよりの曲であれ、現代音楽よりの抽象的な曲であれ、坂本が明快な三和音（コードネームでいうと、何のテンションノートもつかない基本のメジャーとマイナーの和音）をそのまま使うようなことはあまりない。彼が書いた音楽には、真っ白なキャンヴァスに不意に付いてしまった斑点のように、明瞭な響きの中に、必ずといってよいほど不協和な音が影を落としている。独特のくぐもった響きは、三和音に根音から7度上の音を重ねた7度の和音や、さらに9度上の音を重ねた9度の和音による。坂本はドビュッシーの中に発見した、これらの複雑で翳りのある和音を容赦なく自作に用いる。また、これもドビュッシーやラヴェルといったフランス近代音楽の影響と思われるが、4度や5度（ドを1度とするとその4度上がファ、5度上がソ）の音の重なりを繰り返しながら曲を進行させる並進行（一般的な和声法の教科書では禁じられている）も、彼の曲の中にごくごく自然なかたちで登場する。

これらの技巧的な和音で彩られた旋律は歌いにくい。坂本の素朴で、ぎこちないヴォーカルは、彼の歌唱力の問題だけでなく、彼自身が書いた複雑な和音にも起因するのではないだろうか。7度と9度の和音や、不安定な増減4度と5度の響きが多用された〝美貌の青空〟（1995）も典型的な坂本和声⑬による楽曲の1つだ。これももちろん歌唱に困難が伴う曲だが、『UTAU』（2010）では大貫妙子が見事に歌っている。そして、伴奏者に徹した坂本のピアノも美しい。

遺作となった『12』（2023）収録の〝20220302 – sarabande〟はニ短調、3/4拍子、A-B-A'-Codaの構成。楽曲の構成、和音と和声法といった点で、坂本の曲の中で最もシンプルな音楽の1つと言える。荘重なサラバンドのリズムに乗って、打鍵のたびに和音の響きが静かに変わる。目隠しをして聴いたら、多くの人はこの曲をドビュッシーかラヴェルによるものだと思うだろう。ここでようやく坂本はドビュッシーのもとへ帰って行ったのかもしれない。

[脚注]

1 「坂本龍一ロング・インタヴュー――あるがままのSとNにMを求めて」、松井茂 聞き手・文、『美術手帖』、1053号、2017年5月、32頁。

2 〝ZERO LANDMINE〟にはクラフトワーク、シンディ・ローパー、デイヴィッド・シルヴィアン（彼は作詞も担当）、スティーヴ・ジャンセン、細野晴臣、高橋幸宏、怜楽舎、藤原真里ら多くの音楽家やグループが参加した。その様子は2001年4月30日にTBSの特別番組として放映された。

3 このメイキング映像はYouTubeで視聴できる。https://www.youtube.com/watch?v=uk97NU-brbM（2023年5月閲覧）

4 坂本龍一〝ZERO LANDMINE〟sitesakamoto、2001年3月18日。http://www.sitesakamoto.com/update/zerolandmine-j.html（2023年5月閲覧）

5 竹田賢一「〈学習団〉1・20総括（その一）」、『地表に蠢く音楽ども』、月曜社、2013年、100頁。初出は『ジャズ』1976年3月号「地表に蠢く音楽ども」第11回。

6 坂本龍一『音楽は自由にする』（文庫版）、新潮社、2023年、118頁。

7 坂本龍一『Ryuichi Sakamoto Year Book 1971-1979』、commmons/エイベックス・ミュージック・クリエイティヴ、2016年、付属ブックレット、21頁。

8 坂本龍一「100年たっても、残る音楽」谷川俊太郎『谷川俊太郎が聞く武満徹の素顔』、小学館、2006年、80頁。

9 同前書、81頁。

10 2010年4月に指揮：佐渡裕、箏：沢井一恵、管弦楽：兵庫芸術文化センター管弦楽団によって初演された。

11 前傾書、84頁。

12 吉本隆明＋坂本龍一『音楽機械論』文庫版、筑摩書店。2009年、96頁。

13 山下邦彦は『坂本龍一・全仕事』（太田出版、1991年）、『坂本龍一・音楽史』（太田出版、1993年）、『坂本龍一の音楽』（東京書籍、2008年）の中で、独自の理論体系に基づく坂本龍一楽曲の詳細な分析を行なっている。興味のある読者はぜひ参照されたい。

高橋智子／Tomoko Takahashi
1978年仙台市生まれ。東京藝術大学大学院音楽研究科博士後期課程修了。博士（音楽学）。主な著書に『モートン・フェルドマン―〈抽象的な音〉の冒険』（水声社、2022年）、『イーノ入門』（共著、P-VINE、2022年）など。

コラボレーション・アルバム

文：デンシノオト

坂本龍一の活動はコラボレーションの歴史でもあった。オリジナル・ソロ・アルバムであってもアート・リンゼイやビル・ラズウェルなどのコラボレーターはいたし、プロデュースした加藤登紀子や中谷美紀などの歌手／アーティストもコラボレーターといえよう。いや音楽家だけに止まらないともいえる。ベルナルド・ベルトルッチなどの映画監督、高谷史郎などのアーティスト、田島一成などのカメラマン、中島英樹などのデザイナー、村上龍などの作家、浅田彰などの批評家／学者などとも常に協働してきた。そもそもあのYMOからしてバンドというコラボレーションである。

だが音楽家の仕事として重要な「アルバム」という枠で考えてみると、やはりアーティスト表記が連名という意味は大きい。80年代もダンスリーとのコラボレーション（『The End of Asia』、『Chanconette Tedesche』）があったし、デイヴィッド・シルヴィアンのような存在もいたが、アルバム連名表記でのコラボレーション作品のリリースが相次ぐのは00年代に入ってからのことだ。この時期は、モレレンバウム夫妻とのジョビンのカヴァー・プロジェクト（『CASA』『A DAY in New York』）や、旧知の大貫妙子との共作（『UTAU』）などのアコースティックな作品もあったが、アルヴァ・ノト（カールステン・ニコライ）、フェネス、テイラー・デュプリー、クリストファー・ウィリッツら世界中の電子音響アーティストと作り上げた作品の方が単純に数が多い。何よりこれらのアルバムは00年代以降の坂本のソロ・アルバムにも大きな影響を与えている。

アルヴァ・ノト＝カールステン・ニコライと坂本龍一は、2002年の『Vrioon』から2019年の『TWO』にいたるまで約16年間、アルバム7枚、EP1枚、ライヴDVD1枚と実に多くの作品をリリースした。そのあいだワールド・ツアーなども精力的にこなしていた。もはや00年代以降の坂本のメイン・ワークスだ。坂本とカールステンとの出会いは1998年にまでさかのぼる。東京の青山スパイラルホールで開催された「Experimental Express1998」というエクスペリメンタル・ミュージック・イベント（佐々木敦氏のHEADZ企画制作）で出会ったのだという。その後、2001年に、坂本はカールステンにモレレンバウム夫妻とのジョビン・カヴァー・プロジェクトで演奏した〝Insensatez〟のリミックスをカールステンに依頼した。このトラックはジョビンのカヴァーである原曲を完全に電子音響作品に変えた刺激的なものだ。そうして2002年に本格的なコラボレーションが始まる。といっても坂本からピアノのピースなどがカールステンに送られ、それをカールステンが自身の電子音響をレイヤーさせていくというファイル交換でのコラボレーションだった。制作からリリースまでは1年半ほどかかったらしい。こうして2002年にリリースされたアルバムが『vrioon』だ。この当時、ミニマルで美麗なピアノと硬派でミニマルな電子音響を組み合わせた作品は珍しく、この種の電子音響作品の先駆けともなった。

2005年には『insen』をリリースした。『vrioon』ではファイル交換での制作だったが、ベルリンでの制作となった。『vrioon』では坂本のピアノはあまり加工されていなかったが、『insen』ではピアノの残響と電子音響が交錯するようなサウンドに変化した。『vrioon』ではあえて「異物感」としてピアノと電子音響が拮抗しているような魅力があったが、『insen』ではその残響の先で音響が交錯し融解するような音響空間を作り上げたのだ。2人の距離が縮まったからだろうか。

翌2006年にEP『revep』をリリースした。この作品でピアノと電子音響の組み合わせの実験はさらに進み、ピアノの音そのものを大胆に加工するなど、デジタル電子音響作品としてさらに突き詰めていった。特に坂本の“Merry Christmas Mr.Lawrence”を大胆にエディット／加工した“ax Mr. L.”は、多数のヴァリエーションが作られた同曲の中でも異端のトラックである。2008年、現代音楽合奏団アンサンブル・モデルンとのコラボーション作『utp_』をリリースする。ドイツ・マンハイム市の400周年記念として依頼されたこのプロジェクトは、「1608年に設立されたドイツ南西部マンハイムの都市をラスタライゼーション（ドットの集合にイメージ変換すること）し、その構造から流れるように展開する10曲が形作られた」というものであった。硬質な弦の響きと坂本の物質的なピアノ、カールステンのミニマルな電子音が、どこか物質的な質感の中で交錯する実験的な音響作品である（「現代音楽的」ともいえる）。ピアノと電子音の組み合わせから脱却し、音と音の交錯という意味では彼らによるコラボレーション後期の『レヴェナント：蘇えりし者』のサウンドトラック（15）、『Glass』

（18）や『TWO』（19）の先駆けともいえよう。

　2011年、『Summvs』をリリースする。ブライアン・イーノのカヴァー"By This River"を含むこのアルバムは、ピアノと電子音の交錯を突き詰めた傑作である。ピアノと電子音響が、ゴロっとした異物感のまま投げだされつつも、音と音は透明に鮮明に親密に重なりあっているのだ。じっさいこのアルバムで、カールステンとのコラボレーションでやれることはほぼやりきったと坂本は語っているほどだ。ちなみに、これらコラボレーション・アルバムは、アルバムの頭文字をとって〈V.I.R.U.S.〉シリーズと呼ばれている。リリースは〈raster-noton〉からであった。2022年に全作がリマスターされリイシューされた際は、新レーベル〈noton〉からリリースされた。傑作『Summvs』と一応の終わりをみせた坂本龍一とアルヴァ・ノトとのコラボレーションだが、2015年に思わぬ形で復活する。2014年に中咽頭ガンを公表した坂本、その治療、最初の大きな仕事として、アレハンドロ・ゴンサレス・イニャリトゥ監督の映画『レヴェナント：蘇えりし者』の音楽を担当する。坂本も大ファンと語るイニャリトゥ監督の依頼を、病後体調が万全ではないものの引き受けたわけだが、監督の厳しいオーダーに応えることが体力的に次第に困難になる。そこでアルヴァ・ノト風の音を求められていたこともあり、ならばいっそカールステン・ニコライと共作した方が良いのではと判断した坂本は、カールステンに制作協力の依頼をする。彼は多忙のなか坂本をヘルプすべくラップトップをかかえて飛んできたという。この坂本の判断は的確だった。映画『レヴェナント：蘇えりし者』のサウンドトラックは、一度は完成の域に達した二人のコラボレーションに新たな息吹を投入することになったのだから。ピアノと電子音響という組み合わせだけではなく、音と音が溶け合ったアンビエンスを生成することに成功したのである。10年代の坂本ワークスの中でも重要作と言える。

　『レヴェナント：蘇えりし者』のサントラ以降、2人のコラボレーションはゆるやかに再開した。そして『Glass』と『TWO』という2枚のアルバムが残された。リリースはカールステンが主宰の〈noton〉から。この二作は、これまでのアルバムとは違い2人の即興演奏を収録した作品だ。『Glass』は、2016年、建築家ジョンソンの生誕１１０周年とグラスハウスの一般公開10期目を記念して開催された「草間彌生の展示〝Dots Obsession- Alive, Seeking for Eternal Hope〟」オープニング・パーティーでの記録である。いわば闘病前の記録だ。ここでは「建物自体を楽器として使う」ことも目的とし、「キーボード、ミキサー、シンギング・グラス・ボウル、クロテイル」を使った「演奏」を披露している。マテリアルな質感のなか、静謐な音が、微かに、しかし自律するような音を生成している。対して『ＴＷＯ』は、２０１８年にシドニー・オペラハウスで行われたセッションの記録だ。こちら闘病以降の記録であり、より深い面で身体の中にある「静けさ」を追求するような「演奏」を展開している。『レヴェナント：蘇えりし者』のサントラに近いムードを持っているとでもいうべきか。『async』以降ということもあり、シンセサイザーの音色や旋律に、『async』的な響きを感じることができる。

オーストリアの電子音響アーティスト／ギタリストのフェネス＝クリスチャン・フェネスとの共作も重要な仕事だ。フェネスと坂本は、２００５年にＥＰ『Sala Santa Cecilia』、２００７年に『Cendre』、２０１１年に『Flumina』の計3作を英国の〈touch〉からリリースしている。リリース数としてはアルヴァ・ノトより少ないものの、２００５年の坂本の国内ツアー参加や、再再復活以降のイエロー・マジック・オーケストラへの参加など坂本との密な交流は続いた。また、２０１７年にアルヴァ・ノト、フランチェスコ・トリスターノらも参加したグールドのトリビュート・ライヴ『Glenn Gould Gathering』にも参加している。そんなフェネスとの交流はデイヴィッド・シルヴィアンの紹介で始まり、２００３年、アメリカ軍のイラク侵攻に、世界中の音楽家たちが音でつながり抗議する「Chain-Music」というプロジェクトや、２００６年にリリースされた『Chasm』のリミックス盤『Bricolages』への参加と続く。「フェネス＋サカモト」名義で正式リリースされた音源はＥＰ『Sala Santa Cecilia』が初だ。坂本のピアノはフィーチャーされてはいないが、ノイズとアンビエントがロマンティックな響きのなかで交錯するサウンドはすでにできあがっている。坂本のピアノとフェネスのギター＋電子音響の組み合わせが実現するのは、２００７年の『Cendre』からである。フェネスの電子音とギターによる川のようなサウンドのなか、ゆっくりと浮遊するように演奏される坂本のピアノが実に美しい。

2011年、『Flumina』がリリースされた。このアルバムのピアノ音源は坂本龍一のコンサート・ツアーの冒頭で演奏された即興的なピアノ演奏が元になっている。24回の公演であったため、24すべての調で演奏されている。このアルバムこそ2人のコラボレーションの到達点だろう。フェネスのサウンドも『Cendre』以上に洗練されており、濃厚なロマンティシズムを生成している。『Cendre』が川の流れのようなアルバムとすれば、『Flumina』は、ゆったりとしかし絶え間なく水面の波が変化していくような海の水面のようなアルバムとでも言うべきか。「ピアノ＋電子音響」アルバムの金字塔として今後も聴き継がれていくに違いない。

坂本の電子音響／エレクトロニカ・アーティストとのコラボレーターとしては、ニューヨーク在住のサウンド／アンビエント・アーティストのテイラー・デュプリーとサンフランシスコのアンビエント・アーティストのクリストファー・ウィリッツも忘れてはならない。

テイラー・デュプリーは〈12k〉という電子音楽／エレクトロニカ／アンビエント・レーベルも主宰しているのだが、その〈12k〉から、2007年にウィリッツ＋サカモト名義で『Ocean Fire』がリリースされた。絵画のようにダイナミックでアンビエントなドローンが展開する名盤である。5年後の2012年、ニューヨーク・ブルックリンのレーベル〈Ghostly International〉から『Ancient Future』もリリースした。こちらは坂本のピアノやウィリッツのギターなどが交錯し、どこかクラスター＆イーノを思わせるアンビエントであった。テイラー・デュプリーと坂本のコラボレーション・アルバムのリリースには時間がかかったように思えた。2006年に『Chasm』のリミックス・アルバム『Bricolages』にテイラーが参加し、坂本も、2009年に〈12k〉からリリースされたソロ・アンダータのシングルに〝Chorale (Look For Me Here)〟のリミックスを提供しているものの、テイラーとの初のアルバムリリースされたのは2013年になってのことなのだ。しかしアルバムを聴いてみると、この時間も十分にわかってくる。2人がスタジオに入って発した音のアンサンブルは極めて濃密だ。森の静寂さのように、ポツポツと落とされていくような音たち。ピアノも、微かなノイズも、電子音も、まるで俳句のように美しい。青葉市子の参加にも注目だ。音と音楽。音響と残響。声と音。そのすべてが交錯し、真夜中の音のように深い静謐さを醸し出している。

２人はその後、２０１４年にロンドンで行われたセッション音源『Live』を〈33-33／The Vinyl factory〉からリリースした（２０２０年に〈12k〉からアート・ワークを変えてリイシュー）。２０１５年には、坂本とデュプリーに加えてアンビエント・ユニット、ILLUHA（伊達伯欣＋コリー・フラー）による山口のＹＣＡＭにおけるアンビエント・セッションを収録した『Perpetual』をリリースする。繊細で濃密、同時に美しく儚いアンビエントである。

最後に紹介するのは、音響作家／批評家デイヴィッド・トゥープとの共作『Garden of Shadows and Light』である。このアルバムは２０１８年6月24日、ロンドンで行われたエクスペリメンタル・ミュージック・イベント「MODE 2018」で披露された彼らの即興演奏を収録している。リリースは〈33-33〉。坂本はピアノの内部奏法、ギター、シンセサイザーなど、トゥープは、エレクトロニクスなどを駆使して静かに大胆に音を繰り出す。ベテラン同士の音のセッションは聴く者に闇の中で微かな光を観る／聴くような体験を聴き手に提供してくれる。素朴で豊穣、そして繊細な音は２０００年代以降の坂本が生成した音たちの原石のようだ。まるで「もの派」の音響のようだ。

前日23日にはロンドンのバービカンセンターで行われた細野晴臣のコンサートに坂本は飛び入り参加した。高橋幸宏や小山田圭吾も参加し、これがＹＭＯメンバーが公の場に集合して演奏した最後の記録となった。偶然ではあるが坂本の「コラボレーション」史を語る上で２０１８年6月23日と24日は忘れることのできない日となった。

デンシノオト
１９７１年生まれ。ライター。web板「ele-king」のレヴューやコラム、イーライ・ケスラー、オヴァル、メルツバウなどのライナーノーツの執筆を手掛ける。

2 1

4 3

6 5

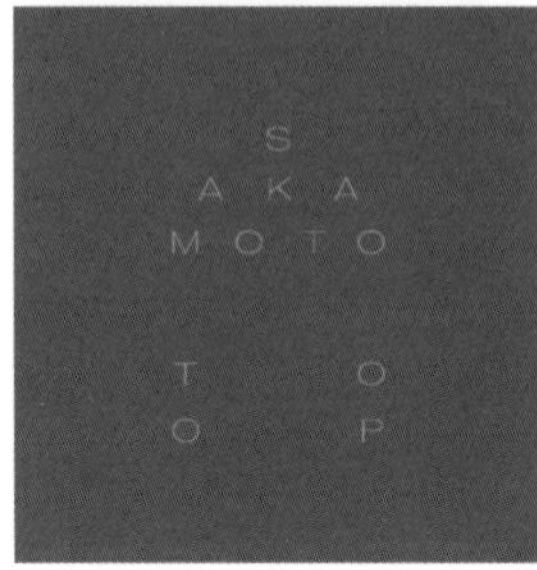

8 7

1. Toshiyuki Tsuchitori, Ryuichi Sakamoto『ディスアポイントメント・ハテルマ = Disappointment-Hateruma』1976
2. Riuichi Sakamoto + Danceries『The End of Asia』1982
3. Morelenbaum² / Sakamoto『Casa』2001
4. Alva Noto + Ryuichi Sakamoto『vrioon』2002
5. Fennesz + Sakamoto『Cendre』2007
6. Ryuichi Sakamoto, Taeko Onuki『UTAU』2010
7. Ryuichi Sakamoto + Taylor Deupree『Disappearance』2013
8. Sakamoto, Toop『Garden Of Shadows And Ligh』2021

Enormous Discography

「音楽」から「音」へ ——千のサウンド③

文：伊達伯欣

医師として20年ちかく、多くの方の「死」に立ち会ってきた。肉体の死と魂の死は、必ずしも一致しない。医師の死亡宣告後も、体の細胞は数時間以上も生き続けている。正確な「肉体」の死亡時刻は誰にもわからない。一方で魂の死はいつなのか。「人」のなかの見えない部分のうち、ひとつの「人格」として他者に影響を与えるものを「魂」とここではしよう。「安定」を希求する人間の「肉体」にとって、究極の「安定」とは「死」であり、それは「腐敗」のはじまりでもある。魂も同様、「安定」を得て変化を止めたとき、「死」が訪れるとすれば、30代半ばで魂の死を迎える人も、肉体の死後、随分と長いあいだ生き続け進化する人もいる。音楽家の魂とも言える残された音楽は、肉体という制約を離れた後、そのエネルギーを増すこともある。音楽家・坂本龍一が逝去して1ヶ月。残された音楽を、毎日のように聴いている。同じ音楽のはずなのに、生前にはわからなかった音の息づかいに気づかされる。どんな人との出会いも別れも、すべてが尊く奇跡的だが、人生を変える不思議な出会いのひとつに、坂本龍一さんとの出会いがある。

出会い

コリー・フラーと僕のILLUHAは、ニューヨークのテイラー・デュプリーが主宰する〈12k〉から、これまでに5つの作品をリリースしている。そのなかの1枚が2013年にYCAMで、ILLUHAとテイラー、そして坂本さんという4人で演奏した『Perpetual』である。ライヴ前夜には、阿部薫の話をしたりしながら酒を交わした。それから6年ちかく、定期的にお会いすることになり、音楽や医療をはじめとしたいろんなことを教わった。音楽や環境に対する厳しさを携えながらも、常に次世代や日本のことを考え、励まし続け、ユーモアを忘れない優しい人だった。

「進化」を求め続けた魂の「脱ピアニズム宣言」

歴史上、ある程度の安定を得た社会構造で権力を有したものが、「進化(変化)」をもたらすことはあまりない。権力者にとって、自身の生存を維持するために必要とされることは「安定」であるからだ。アカデミー賞を受賞し、ある意味で権力を持ったとも言える坂本が、それを失うことも厭わず、肉体死の直前まで音を生み出し変化し続けたその魂は、死後もなお「進化」を続けている。坂本は、何に惹きつけられ歩み続けたのか。その真価は「音楽」から「音」へと移り変わっていく晩年の作品群にこそあるように思う。

２０００年前後、グリッチ・ノイズというテクノロジーの発達によって紡ぎ出された「非楽器」音による音楽が台頭し、歴史的名盤『Click & Cuts』（アルヴァ・ノト、フェネス、テイラーらが参加）に、僕を含めた世界中の電子音楽世代は夢中になっていた。そんな最中の２００２年、ノトとの共作『vrioon』は、メインストリームの覇者と、アンダーグラウンドの先駆者との共演であり、世界の坂本の「脱ピアニズム宣言」とも言える青天の霹靂だった。新しい音楽を模索していた頃の僕が、それ以前の音楽へと強烈に惹きつけられたことはなかったからだ。しかも、初作にしてすでに、純然たる「調和」がそこには存在していた。

「音楽」から「音」へ フィールド・レコーディングの意味

アンビエントへの系譜を探るべく坂本作品を聴き返すと、大きな転換期がふたつある。ひとつ目は１９９８～99年。坂本ピアニズムの集大成として99年に『ＢＴＴＢ』が発売され、世間の眼差しが集まった裏側で、95年の『Smoochy』からフィールド・レコーディングが多用され、それ以前の音にはなかったノイズや空気が含まれるようになる。かねてよりレコーダーで音を録り集めてきた坂本だったが、彼の興味が「音楽」よりも「音」へと向かいはじめたのがこの時期なのかもしれない。

『vrioon』で感じた調和は、グールドが鍵盤の音階という制約の間を歌声で埋めたように、坂本が奏でる鍵盤と鍵盤の間隙を、ノトの音が補完していたからに他ならない。このアルバム以降、グリッチ／マイクロ・サウンドの旗手たちとの共作がはじまる。マイクロ・サウンドはその後、ファウンド・サウンドとも呼ばれ、それは非楽器音（具体音）を使う音楽のことで、ジョン・ケージやシュトックハウゼンが手法として確立し、ブライアン・イーノがその応用を展開した、アンビエントとの関わりも深いムーヴメントだ。とくにマイクロ・サウンドは、テクノロジーのバグによって生み出された究極にテクノロジカルな電子ホワイト・ノイズであり、それまでの具体音とは異なるすべての音域を埋める新しい非楽器音であった。ノトのライヴを初めて見たとき、坂本はシュトックハウゼンを思い出したという。フィールド・レコーディングもその場にはない非楽器音を音楽に持ち込むファウンド・サウンドであり、録音というテクノロジーの到来によって初めて姿を現した「音」である。同年9月には、アンビエントの開祖とも言われるエリック・サティの世界最長ピアノ曲〝Vexasion（嫌がらせ）〟の冒頭からはじまる〝Door Open〟が『Life In Progress』の1曲目として収録される。

エリック・サティとテクノロジー

音環境について坂本の口からよく聞かれたのが、サティの〝家具の音楽〟（1920年）だった。「意識的に聴かれない音楽」を志したこの実験的な音楽は、マックス・ジャコブの戯曲公演の休憩時間に演奏されたが、その音楽がはじまると観客たちは談笑をやめ、奏者を意識して聴きいってしまうという失敗に終わった。いまでは休憩中の音楽は日常茶飯事だが、当時は「音楽家のいない音楽」はまだなく、録音技術の普及によってサティの思想は具現化し、音楽そのものの在り方に新しい使命が加わると共に、その一部がアンビエントへと発展した。

ししおどしや風鈴といった日本古来の音響装置は、日本人の感性が生み出した一種のアンビエント・テクノロジーだが、アンビエント・ミュージックは、レコーダーの介在なくして実現しえなかった新しい音楽だ。だからこそ、その制作過程では、テクノロジーの反対側にある自然の摂理や地球環境について考える契機を音楽家に与える。フィールド・レコーディングを制作すると、換気扇や車といった自然界にはない持続音の存在が必ずや意識される。イーノも然り、歴代の環境音楽家たちの晩年に政治的な発言が増えることは、必然的なこととも言え、その思想は音楽とも連動していく。学生運動も経てきた坂本が、再び政治問題に対して積極的に声を上げはじめたと僕には思えた。

〝家具の音楽〟は第二次産業革命が終わり、モーター音が増えはじめた時期とも一致している。機械的持続音からの防衛策、あるいは音環境の陰陽バランス（注）を整えるムーヴメントとして、録音技術の到来とともにアンビエントが発生してきたのではないか。という話をしたら、サティに影響を与えたのはウィリアム・モリスだと坂本は教えてくれた。

（注）陰陽理論：5000年前の伝説上の皇帝「伏犠（フッギ）」が見つけた、世のなかは陰と陽で成り立っているという理論。陰と陽のどちらかが正しい訳ではなく、そのバランスが重要だと考える。

意識と分離　ふたつ目の転機〈commmons〉の始動

「免疫（疫を免れる）力」という能力は、自己と非自己を分け隔て、病邪を識別・排除する力である。細菌やウイルスという人間の仲間でもあるものたちを、状況に応じて排除したり共生したりする。重要なのはそのバランスであり、免疫力が低ければガンや感染症、高すぎればアレルギーや膠原病を患うことになる。心も同様、表在意識（自我＝エゴ）は、自己と非自己の「分離」と「調和」を司る。サティの「意識されない音楽」は、意識による「分離」を生み出さない「音」であり、鈴木大拙のいう「妨害なき相互浸透」という点で、禅との親和性が高い。

「人類最大の過ちは国を作り出したことだと思う」と坂本は言っていた。誰のものでもない土地の一部を、いつの日か誰かが自分のものだと境界を敷き「所有」した。その延長である「国」という行き過ぎた「分離」に問題を感じ続けてきた坂本は、2006年にワーナーから『Bricolages』発売後、ふたつめの転機を迎え、〈Commmons（誰のものでもない土地）〉という先駆的なタイトルを冠したレーベルを始動する。分離や監視が過度に進みゆく社会とは逆に、ジャンルに囚われない活動と並行して、自身の音楽は、加速度を増して「音」へと舵をきった。それはマイクロ・サウンドの旗手たちが、アンビエントへと傾倒していった時代と時を共にした。

～「音楽」と「音」の間を埋めるもの～

「音」へと向かったその帆先は、ノトとの『insen』（2005）へと進み、2007年よりフェネスやテイラーといったマイクロ・サウンド出身のアンビエント・ミュージシャンとの共作が増えていく。2009年のソロ作『Out of Noise』でもファウンド・サウンドは用いられているが、まだその音は音楽的であった。その後の共演・共作を経て、その音使いを習得していくかのように、坂本の音楽はより先鋭的な「音」としての進化を遂げていく。前作から8年を経た2017年に、その「音」はマスターピース『async』へと結実する。

「アンビエントは僕の手から離れた」というイーノの言葉通り、いまやアンビエントは多様化している。だが、坂本が求め続けた「音」は、マイクロ・サウンドやフィールド・レコーディングというテクノロジーを介して気づき得た、自然への畏敬とオマージュが背景にある。それを、僕はマイクロ・アンビエント・ミュージックと呼びたい。坂本が生涯をかけて追い求めた「音」は、何かに偏りはじめてしまった音環境の動的平衡を整える波として、これからもその影響を残していくだろう。

Tomoyoshi Date（伊達伯欣）
1977年サンパウロ生まれ成田育ち。医師・作曲家。ソロ作品をはじめ、Opitope、ILLUHAなどで、国内外より23枚のフル・アルバムをリリース。日本医科大学卒業後、三次救急医として勤務。免疫学教室にて漢方と腫瘍ワクチンを研究。2014年より東京都調布市に東洋医学（漢方と自然塩）と西洋医学を併用する「つゆくさ医院」開設。著書に『からだとこころの環境』。ポッドキャスト「つゆくさラジオ」更新中。

Tribute to Ryuichi Sakamoto『Micro Ambient Music』Limited release until August 2023

坂本龍一さんの晩年の作品群へのオマージュとして、国内外の音楽家が楽曲を提供したコンピレーション

Japan: Asuna, Chihei Hatakeyama, Christophe Charles, CoreyFuller, Chillax, Kazuya Matsumoto, Ken Ikeda, Ken Sugai, Hakobune, Hideki Umezawa, Makoto Oshiro, Marihiko Hara, Miki Yui, Nobuto Suda, Noriko Tsujiko, Sawako, Sachiko.M, Shuta Hasunuma, Takamasa Aoki, Tetuzi Akiyama, Rie Nakajima, Tomoko Sauvage, Toshimaru Nakamura, Tomotsugu Nakamura, Otomo Yoshihide, Yoshihiro Hanno, Yui Onodera

overseas: Alva Noto, Bill seaman, Christopher Willits, David Toop, Federico Durand, Ian Hawgood, Kane Ikin, Lawrence English, Marcus Fisher, Simon Scott, Stephan Vitielo, Stijn Huval, Taylor Deupree

オリジナル・サウンドトラック・アルバム

文：内田学

トム・ソーヤーよろしく、級友のハックルベリー・フィンをそそのかして学校の授業をエスケープしたのは、坂本龍一だった。向かった先は10円でニュース映画が観られるという当時でも激安の映画館である。当然、登校しているはずの子供達2人が見当たらないので、大人たちは大騒ぎするも、しれっと学校に行ったふりをして、帰宅した坂本がこっぴどく叱られたのは想像に難くない。が、それも致し方ない、まだ自分1人では映画館の座席にも座れない歳なのに膝の上に座らせて、映画の魔法のような魅力を教えたのは、他ならぬ坂本の母だったのだから。しかも映画はフェデリコ・フェリーニの『道』。しかし、少年、坂本龍一が魅了されたのは、その映画の内容より、その薄暗い映画館に響きわたる映画音楽であった。それが、坂本が憶えている最初の映画（音楽）体験だった（『音楽は自由にする』より）。

それにしても、幼児に観せる映画にしてはずいぶんと高尚な映画である。そんな坂本が終生、映画に関わることになるとは両親はもとより本人でさえ思いもしなかっただろう。それからの坂本は音楽同様、映画の虜になっていく。特に新宿高校時代は映画館に入り浸っていたという。当時の新宿はサブカルチャーのメッカだったそうで、先鋭的な映画を観るにはうってつけの場所だったのだろう。

大島渚との出会いもその頃である。もちろん、大島本人ではなく大島映画との遭遇である。『日本春歌考』を観て衝撃を受けたと回想している。

本稿では、坂本の音楽キャリアを振り返る中で特に重要な作品と思われるものと、坂本の映画音楽論を論考してみたい。

【戦場のメリークリスマス】ＹＭＯが散開した年に公開された『戦場のメリークリスマス』はその後の坂本の音楽人生そのものも変えていくのだが、最初に大島渚が小脇に映画の台本を抱えて、1人でひょっこりと現れて（当時すでに、大島渚は坂本が後にそう呼ばれるように「世界のオオシマ」であった）、映画の出演を依頼するところから始まる。思春期の坂本に大きな影響を与えた大島渚が、目の前に現れて、いきなり役者でもない坂本に出演依頼を、それも主演級の、しかも相方がデイヴィッド・ボウイというとんでもないオファー。本人も心の中では「やった！」と歓喜したそうだが、折に触れて顔を出す坂本の交渉能力が、「映画音楽もやらせてもらえるなら出演します」と答えさせた。この抜擢も結果的に大成功になるのだが、この時点ではおそらく大島は（テクノポップ・ミュージシャン）としての坂本としか認知していなかったのではないだろうか。もしかしたら東京藝大出身であることぐらいは知っていたかもしれないが。

しかし、役者としてはアマチュア同然の坂本龍一、ビートたけし（この時点では映画人、北野武ではない）を映画の中でも最重要な配役に選んだ慧眼の持ち主は、坂本の要求にも躊躇なく承諾する。大胆なチャレンジャーである。

サウンドトラック・メーカーとしての坂本は、この時点で、およそ知りうる限りの前衛音楽まで含めた、あらゆる映画音楽の手法を知識として持っていたであろうから、普通にやれば生楽器によるオーケストレーションに収まるサウンドトラックをすべてシンセサイザー（一部ピアノとサウンドエフェクトとしての具体音は使用している）に置き換える。そして、これも結果的に大成功であった。あまりにも有名ないわゆる『戦メリ』のメインテーマ、〝Merry Christmas Mr. Lawrence〟。東洋的とも西洋的とも言い切れない、簡潔なシークエンスが繰り返されるこの曲は、しかしミニマル・ミュージックとは言えない。冒頭の導入部のアルペジオは、クリスマスを意識してか空から舞い落ちる雪片を想起させる。そして前述のシークエンスの音色は、坂本本人は西洋か東洋かを意識させないニュートラルな音を意識したそうだが、筆者には、なぜか竹を打ち鳴らす音に感じられてしまう。それは背後でエコーを伴いながら曲を支える拍子木のような音のせいかもしれないし、そもそもインドネシアが舞台になっていることで、インドネシアの伝統音楽である竹筒のみで演奏されるジェゴグなどがそのようなイメージを持たせるのかもしれない。坂本本人がＮＨＫの「スコラ」で『戦メリ』の主題の解説をしているが、この曲が繰り返しに耐えるのは、楽曲の基本的な調性は短調でありながら、旋律を支える低音がセオリー通りのルート音ではないので、旋律の構成音が単純なスケールノートではなく、9度、13度といった、ドビュッシーなどいわゆる印象派が多用したナチュラル・テンションに聴こえるからである。

また、筆者は、音色しかり、発表されたタイミングから考えても、主題の音色は当時、画期的と言われた世界初のＦＭ音源のフルデジタル・シンセサイザーのYAMAHAのDX7で演奏していると思い込んでいたが、実際には坂本がワイングラスの音をサンプリングした音をさらに加工して作ったものというのだ。つまり考えようによっては、もっと後に登場するPCM音源のシンセサイザーと同様の音響効果を持たせていたことになる。ここにも坂本の先見性が現れている。〝Merry Christmas Mr. Lawrence〟はこの曲の主題を意識的にも無意識にでも耳にしたことのない日本人はいないのではないかというほど、坂本の生涯通じての代表曲となった。坂本の先達である武満徹、また思想は真逆の黛敏郎にさえも高く評価された。そして、それは海を越えて英国アカデミー賞を受賞することになる。

【ベルトルッチ三部作】カンヌ映画祭に大島渚と共に赴いた坂本は、その場で初めて、これも坂本が敬愛していたベルナルド・ベルトルッチに紹介されることになる。『戦場のメリークリスマス』のプロデューサーが、ベルトルッチの構想していた次作と同じジェレミー・トーマスであることもあってか、坂本はベルトルッチ本人から、次作への出演をオファーされることになる。満州で暗躍した甘粕正彦として出演した坂本は、撮影終了後に、『ラストエンペラー』のオリジナル・サウンドトラックのオファーを受ける。しかも、その制作期間として与えられたのはたったの1週間（交渉の末、なんとか2週間に）。そして、これがまた坂本のキャリアの大きな分岐点の始まりとなるのである。急遽、日本に戻りホテルの部屋に缶詰状態で、編曲には上野耕路と野見祐二のサポートを受けながらも、なんとか納期に間に合わせた。そのメインテーマは、簡単に解析すると、中国のペンタトニックからなる旋律と、それに絡む近代西洋音楽的な和声、そして面白いのが終結部の〝君が代〟を思わせる日本風のペンタトニック（舞台が満州であることを考えれば腑に落ちる）といったところか。あとは本稿で説明するまでもない。映画は世界的な大ヒットとなり、坂本は、米アカデミー賞作曲賞、英国アカデミー賞、ロサンゼルス映画批評家協会賞、ゴールデングローブ賞、グラミー賞映画・テレビ音楽賞を総なめすることになる。

　そして、『ラストエンペラー』に続くベルトルッチの作品は、ポール・ボウルズ原作によるサハラ砂漠を舞台にした『シェルタリング・スカイ』。この作品もまた誰を音楽家にするか決めかねていたベルトルッチが編集段階に入って坂本を指名する。雄大な空と砂漠の映像に、かさねられたメインテーマは、使い古された形容だが、叙情的にして哀切に満ちていて壮麗に尽きる。そして音源化された坂本のオリジナル・サウンドトラック盤は、坂本のカタログのなかでも、最もバランスの取れたパッケージであると考える。約半分が坂本のオリジナル（そのほとんどがメインテーマの変奏曲）とあとは主に映画にまつわる北アフリカの伝統曲や20世紀初頭の米国のジャズである。これは、オリジナル・サウンドトラックというよりはひとつのコンピレーションとして必聴に価する。筆者が最初に聴いた時はマーラーの交響曲を想起したが、当時の坂本の言によれば、ベルトルッチの出身地であるパルマのヴェルディを頭の片隅に意識していたとのことだ。何れにしても後期ロマン派の雰囲気が漂っていることに違いはない。2023年4月現在、サブスクの音源リストにこのオリジナル盤が見当たらないのは、坂本以外の版権の問題かもしれない（メインテーマだけならベスト盤で聴くことはできる）。この作品もロサンゼルス映画批評家協会賞の作曲賞、ゴールデングローブ賞作曲賞を受賞した。

続くベルトルッチ作品は、『リトル・ブッダ』。チベット密教由来の輪廻転生にまつわる話である。こちらもサウンドトラックのエピソードには事欠かない。大島渚が坂本にサウンドトラックについて何の注文も異議もとなえなかったのに対して、ベルトルッチはパラノイアックなまでに坂本に注文をつけ「世界一泣ける音楽を書け」と注文したそうだ。が、過去の例と違わず、最初に持っていったヴァージョンは「悲壮感」が足りないとボツにされ、4回も書き直しをさせられた末に「希望がない」と言われた時には、ベルトルッチに恩義のある坂本も「希望なんてリクエストは聞いてない！」と、とうとうブチ切れたらしい。それでもなんとか5回目にして採用となったオリジナル・サウンドトラックは、全編、坂本による作曲であるが、興味深いのは民族音楽にしか聴こえないインド音楽の旋法であるラーガも坂本のクレジットになっていることである。

【ベルトルッチ以降の映画音楽】ベルトルッチによるスパルタ教育を修了した坂本は、その甲斐もあってか、世界的にもすっかり映画音楽作家として定着した感もあり、その後も映画音楽のオファーを受け続けることになる。その後の坂本の映画音楽家としての転機となる二作品を挙げたい。この2つの作品を基点にして、坂本の映画音楽へのアプローチの変化がうかがえる。どちらも99年発表の作品なのだが、ひとつは『愛の悪魔／フランシス・ベイコンの歪んだ肖像』のサウンドトラック『Love Is the Devil』である。その最も大きな変化として、それまでが、オーケストレーション、シンセサイザー、民族楽器など、手法は多様であったが、いずれも具象的なアプローチであったのに加えて、積極的に抽象表現も取り入れるようになったことである。例えば『Love Is the Devil』では、それまでのメインテーマ的なものは見当たらない。自身もフランシス・ベイコンのファンだという坂本が必要ないと判断したのだろう。

　続いて、大島渚の遺作となる『御法度』。こちらはメインテーマこそあるものの、音楽として成立する極限まで音数を切り詰めた作品となっている。オープニングテーマは、ピアノとオーケストレーションによる編曲となっているが、主題はあくまで3つの分散和音に絞り込まれ、それが不規則に出現するという、半具象のような表現になっている。しかし、決して手を抜いているわけではない。あろうはずがない。自分を映画音楽の道に導いてくれた大島渚への最大の敬意を込めた作品だと考える。この2作品で抽象度を増すことによって、坂本は映画音楽における手法を自家薬籠中のものにしたと言える。

【坂本龍一の映画音楽論】 映画狂といっても良いほどの坂本が、前記の制作を通じて映画音楽を生業として到達したのは、映画と映画音楽の関係性についてである。坂本は極論を言えば、映画に音楽はなくても良いとさえ考えるようになったという。少なくとも、映像を補助するものであっても、間違っても映像を歪曲するものであってはいけないというのが持論だ。坂本がそれを説明する際に、よく使う例がある。例えば、水の入ったコップがテーブルに置かれているシーンがあるとして、そこにはどんな音を付帯させることもできるという。それこそ環境音でも、不穏な不協和音でもなんでも。しかし、その音（楽）は、そのシンプルなシーンに意味付けをしてオーディエンスを誘導してしまう。それは映画監督の意図を歪曲させてしまうかもしれない。それはあってはならない。あくまで内助の功に徹しつつ共存して、映画をより豊かにすることが映画音楽の本来の目的だと考えているのだ。

　最後に『The Revenant』。闘病に

苦しみながら仕上げ、ゴールデングローブ賞にノミネートされたこのオリジナル・サウンドトラックは制作に着手したものの、闘病のあまりの辛さに降板まで考えたという。しかし、そこですでに盟友となっていたアルヴァ・ノトの助力を得ることによって完成にこぎつけたのである。そのアルヴァ・ノトにエレクトロニック・ミュージックの先達である坂本が言った言葉は「メロディを恐れるな」だとアルヴァ・ノト自身が述懐している。この言葉の意味はとても深い。考えられるほとんどの音楽技法を身につけた晩年の坂本は、もちろん、ジョン・ケージも通過している。つまりは俗にケージ・ショックといわれるもので、ジョン・ケージによる“4'33”以降に、はたして作曲はできるのか、という音楽家にとっての一種のオブセッションのようなものへの回答だと思う。デコンストラクションの時代を生きた坂本だが、“4'33”でさえ、いまやひとつの構造と考えたのではないだろうか。坂本は終生、リゾームを這い回り、瓦解した古い構造に遭遇した時には、そこから新たな構造を立ち上げることを繰り返した音楽家であるように思う。だからこその過去の遺物であるかもしれないメロディにもまだアプローチすることができることを「メロディを恐れるな」という言葉に要約したのだと考える。

結果、『The Revenant』は素晴らしい共作となった。アルヴァ・ノトはかなり控えめなアプローチをしているが、それでも坂本の日本人として身に染み付いた音の間の取り方とゲルマン的なアルヴァ・ノトの間の取り方は対照的である。決して対立はせず、時にそのコントラストに深い感動を覚える。

内田 学／Gaku Utida
CiCi Towとして96年にデビュー。Why Sheep?として『Sampling Concerto No.1 “The Vanishing Sun” Op. 138』（96）、『The Myth And I』（03）、『Real Times』（14）をリリース。2007年には、音を禅の作庭術になぞらえたサウンド・アートプロジェクト〈枯山水サラウンディング〉を立ち上げクリエイティヴ・ディレクターを務める。

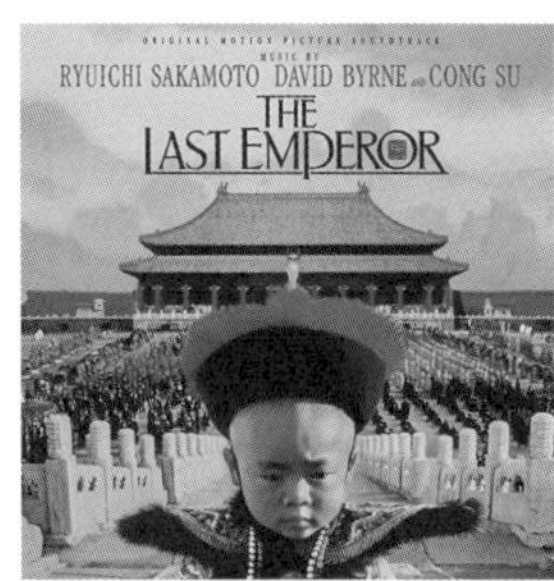

2 1

4 3

6 5

7

Enormous Discography

1. 『戦場のメリークリスマス』 1983
2. 『The Last Emperor』 1987
3. 『The Sheltering Sky』 1990
4. 『Little Buddha』 1993
5. 『Love Is the Devil』 1998
6. 『御法度』 1999
7. 『The Revenant』 2015

サウンドトラック補遺

文：編集部

富岡多恵子『物語のようにふるさとは遠い』（77）ではシュールなバッキング。坂本がDJを務めたNHK-FM「サウンドストリート」の主題歌〝フォト・ムジーク〟はシングル「コンピューターおばあちゃん」（81）のカップリングとしてリリースされ（『テクノ歌謡デジタラブ～東芝EMI編』（99）に再録）、同じく後半の主題歌〝両眼微笑〟は視聴者から募集したデモ・テープをまとめた『Demo Tape 1』（86）や、シングルのみだった〝Steppin' Into Asia〟（85）などと共に『Behind The Mask +3』（87）に収録。ちなみにNHK「YOU」のテーマ曲は『Works II - TV/Inst.』や多くのCM音楽などを集めた『CM/TV』（共に02）にまとめられている。大島渚監督『戦場のメリークリスマス』（83）とほぼ同時公開だった村上龍監督『だいじょうぶマイ・フレンド』（83）には〝ドアーズのテーマ〟を提供。YMOの散開を追った佐藤信監督『プロパガンダ』（84）と、さらに『音楽図鑑』の制作を中心としたエリザベス・レナード監督『トーキョー・メロディー』（84）は共にドキュメンタリー作品で、後者は矢野顕子と連弾で〝Tong Poo〟を弾くシーンが有名（これはのちに「Heartbeat Tour」でサトシ・トミイエと再現）。85年につくば万博で住友館のメイン・テーマと雨のなか、ジャンボトロンの前で行われた過激なパフォーマンス『TV War』は88年にヴィデオ化され、渡辺香津美や高橋悠治らと不条理感満載でバッハをアレンジした如月小春の音楽劇『MATTHAOIS 1985　マタイ1985　～その人は何もしなかった～』と共に『Year Book 1985-1989』に再録。後者とリサ・フェンレイのためのバレエ音楽『Esperanto』（85）にはデイヴィッド・シルヴィアンに教えてもらったYAS-KAZをパーカッションに起用している。映画音楽第2弾はワンダーランド的な内容の畑正憲監督『子猫物語 Adventures of Chatran』（86）となり、エンディングはヴォーカルにおしゃれテレビの吉永敬子を起用（『音楽図鑑』から〝Self Portrait〟も再録）。ベルナルド・ベルトルッチ監督『ラストエンペラー』（87）と同時進行だった山賀博之監督『王立宇宙軍　オネアミスの翼』（87）は初のアニメ作品で、ピーター・ウォン監督『レーザーマン』（88）にスライ風の〝Laserman〟を提供（EP「Undo #1」にも収録）。同曲（後に〝Calling from Tokyo〟に改題）をリドリー・スコット監督『ブラック・レイン』（89）に提供。

ゲーム『天外魔境 ZIRIA』（89）のタイトル曲な

ど。フォルカー・シュレンドルフ監督『侍女の物語』（90）は重厚なインダストリアル・タッチからチェンバロをメインにした無常観など。エッシャーの騙し絵をショーン・レノン主演で映像化したレイザーディスク『Infinite Escher』（90）にはアブストラクトな40分の長編曲と、大阪で開催された「花の万博」に設置された「ひかりファンタジー電力館」には様々な曲調の『The Fantasy Of Light & Life』（90）を。ヴェルディを意識したというベルトルッチ監督『シェルタリング・スカイ』（90）とペドロ・アルモドバル監督『ハイヒール Tacones Lejanos』（91）もテーマ曲は悲壮感あふれる重厚なオーケストラがとても印象的。世界陸上東京大会開会式のために書いた組曲（作曲のみ。編曲は鈴木行一）（91）から〝Epilogue〟の別アレンジを『Heartbeat』に収録し、村上龍監督『トパーズ』（92）にもヴェルディのオペラに基づく曲を提供。シガニー・ウィーヴァーが『桃太郎』を朗読する『Peachboy』（92）のバック・トラックを担当し、ピーター・コズミンスキー監督『嵐が丘』（92）は物悲しさを湛えた堂々たるフル・オーケストラで、同じくベルトルッチ監督『リトル・ブッダ』（93）はさらに勇壮として壮大な響きを加味し、インド音楽も（読経を基にした〝Gompa: Heart Sutra〟はかなり異様）。オリヴァー・ストーン製作によるABCネットワークのTVドラマ『Wild Palms』（93）はカルト宗教と結びついた右翼（ファーザーズ）とリバタリアン（フレンズ）の戦いを描く近未来SFで、ドアーズ風の〝Mimezine〟などとにかくアレンジがゴージャス。ファッション・ショーのために書いた『Music For Yohji Yamamoto Collection 1995』（96）は00年代以降、活発になるエレクトロニカ路線を先取りし、読売テレビ制作のTVドラマ『ストーカー 逃げきれぬ愛』（97）は主題歌〝The Other Side of Love〟に坂本美雨をフィーチャーし、同じくTBS『ケイゾク』（99）の主題歌、中谷美紀〝クロニック・ラヴ〟と共にJ・ポップに本格参戦。ブライアン・デ・パルマ監督『スネーク・アイズ』（98）はしっとりとした質感が目立ち、ジャズ要素が増えた新機軸。セガ「ドリームキャスト」（98）の起動音。『ジョーカー』のモデルとも言われる画家を題材にしたジョン・メイバリー監督『愛の悪魔／フランシス・ベイコンの歪んだ肖像 Love Is the Devil』（98）と、同じくゲイを扱い、16年ぶりの再タッグとなった大島渚監督『御法度』（99）はいずれも狂った坂本が不条理あふれるエレクトロアコースティックを展開。バリー・ジェンキンス監督『ムーンライト』(16)の音楽はちなみに『御法度』を参照したという。高校全共闘だった頃にヒーローだった高倉健が主演を務める降旗康男監督『鉄道員』(99)の穏やかな主題歌など3曲。同じくシングル「Lost Child」(00)は読売テレビ制作のTVドラマ『永遠の仔』の悲しいテーマ曲。ヴィデオ・ゲーム用に書いた『L.O.L.(Lack Of Love)』(00)。市民パワーやインターネット時代を扱ったNHKスペシャル『変革の世紀(全6回)』(02)ではジ・オーブを思わせるエスニック・ダブにオーケストラを被せたオープニングとそのパーツ集。『Sweet Revenge』に収録された〝Psychedelic Afternoon〟の別ヴァージョンとなるシングル「桜のころ」(02)は甲本ヒロトが作詞とヴォーカルを担当したサッカー日本代表の応援歌。ブライアン・デ・パルマ監督『ファム・ファタール』(02)は全体的に緊張感のあるオーケストラ演奏。日本科学未来館に提供した〝dawn〟などは『Comica』(02)に再録。同時多発テロ後にアフリカに飛んで考えたことをまとめた未来の書籍(ソトコトDVDブック)から音源を抜き出した『Elephantism』(02)はライアル・ワトソンの造語に基づき、象はとても民主的な社会を営んでいることに坂本は関心を持ったという。同じく同時多発テロ直後に核攻撃もあるんじゃないかと怯えながらつくった本橋成一監督『アレクセイと泉』(02)はチェルノブイリ(チョルノービリ)原発をテーマとしたもので、抒情的なアンビエント作ながら、どこか『音楽図鑑』を思わせるところも。日本では同作と続くカービー・ディック+エイミー・Z・コフマン監督『Derrida』(02)をカップリングで『Minha Vida Como Um Filme』としてリリース。細田守監督『村上隆作品 The Creatures From Planet 66 Roppongi Hills Story』(03)はノー・チェックです。すいません。ルイ・ヴィトン150周年を記念した限定シングル「150 Ans Louis Vuitton」(04)にはラヴェル〝水の戯れ〟をやかましくしたような〝+33〟を提供。ノキア(携帯電話)の着メロとアラート音(05)。村上春樹原作・市川準監督『トニー滝谷』(05)は映像を見ながら即興で演奏した多彩なピアノを聞かせ、宗教2世を題材にしていたことで安倍晋三銃撃事件後に再び脚光を浴びた河毛俊作監督『星になった少年』(05)は多様なアプローチを盛り込んでトータルな叙情を丁寧に醸成。なかではフィリップ・グラス風ミニマルにマウス・ハープを組み合わせた〝Elephant Show〟が斬新。ゲーム『聖剣伝説4』（06）のオープニングとエンディング。音楽を題材にした作品が多いフランソワ・ジラール監督『シルク』（07）は三角関係の内容を反映したかメロドラマ調が多く、日本郵政グループのCMで話題を呼んだシングル「Koko」（08）はどこか懐かしい気分にさせる隠れた人気曲。高谷史郎とYCAMで行ったインスタレーション『Life - Fluid, Invisible, Inaudible...』（08）はDVDのみ。北海道限定でリリースされたシングル「Nord」（09）はおおらかで和やかな北海道農協連合のCM曲で、フジテレビ系『不毛地帯』（09）にはメイン・テーマを提供。Project Fukushima!のチャリティ・シングル「Quiet Night」（11）はアンビエントとノイズの中間を行く絶妙なドローン。「メトロポリタン美術館展 大地、海、空―4000年の美への旅」展のためにつくられた室内楽風のシングル「Wind, Cypresses & Absinthe」（12）は東京都美術館限定リリース。三池崇史監督『一命 Harakiri - Death Of A Samurai』（11）はじっとりと詰め寄るようなモダン・クラシカルがメインで、北川悦吏子監督『新しい靴を買わなくちゃ』（12）にはコトリンゴと共になんともロマンティックな曲の数々を提供し、『星になった少年』や後の『怒り』同様、むしろ観る前に聴いて欲しい1枚に。この時期から東日本大震災や原発、あるいは再生エネルギーなどを扱った作品に曲を提供することが増え、以下、柿本ケンサク監督『LIGHT UP NIPPON 日本を照らした、奇跡の花火』（12）のテーマ曲、船橋淳監督『フタバから遠く離れて』（12）のエンディング、同『第二部』（14）のテーマ曲、河合弘之監督『日本と再生 光と風のギガワット作戦』（17）のエンディングなど実に根気よく作曲し、政治的発言に終始せず、音楽家としてここまで行動が伴っているのはやはり並大抵ではない。量的なことをいえば同時期に綾瀬はるかが明治を舞台に新島八重を演じたNHK大河ドラマ『八重の桜』（13）では中島ノブユキと共に全74曲を手掛けている。パーク・ハイアット20周年を記念した1000枚限定シングル「Park Hyatt Tokyo Presents: Timeless Passion By Ryuichi Sakamoto」（14）は格調高い室内楽風。洋服の青山50周年のために録音した東京フィルハーモニーとの『Blu』（14）はDVDのみ。広島を舞台にした井上ひさし作『父と暮せば』（04年に映画化）の被爆体験を長崎に移した山田洋次監督『母と暮せば Nagasaki: Memories Of My

Son』（15）はじっとりと染み渡る曲調が多く、アレハンドロ・ゴンサレス・イニャリトゥ監督『レヴェナント：蘇えりし者』（15）ばかりが話題になるけれど（世界のサカモト!）、同時期の李相日監督『怒り』（16）も凄絶のひと言で（日本のサカモト!）、10分を超す〝Trust〟の美しさを始め抽象表現を多用してつくりだすトータルなイメージはさすが。２０１６年に京都で開催された「KYOTOGRAPHIE 京都国際写真祭 2016」のインスタレーション用音楽『Plankton（Music For An Installation By Christian Sardet and Shiro Takatani)』（16）は「漂流する生命の起源」という副題が示す通りフランシス・ベイルやミシェル・レドルフィを思わせる流麗なアンビエント・ドローン。貧困ビジネスを扱った竹馬靖具監督『蜃気楼の舟』（16）のテーマ曲や、『怒り』から沖縄問題を引き継いだ佐古忠彦監督のドキュメンタリー『米軍が最も恐れた男　カメジロー』２部作（17・19）に、同じく沖縄が舞台のロジャー・パルバース監督（『戦場のメリークリスマス』の助監督）『STAR SAND 星砂物語』（17）にも美しい主題曲を提供。『Out of Noise』の制作を軸に坂本の生涯をざっくりと追ったスティーヴン・ノムラ・シブル監督『Ryuichi Sakamoto: CODA』（17）では被災地で演奏した〝Merry Christmas Mr. Lawrence〟がとにかく圧巻で、同じくシブル監督による『坂本龍一 PERFORMANCE IN NEW YORK: async』（18）は２００人の前で行ったライヴの記録。ツァイ・ミンリャン監督『あなたの顔』（18）は台北で暮らす普通の人の顔をアップで撮り続けたドキュメンタリー。ギターやヴァイオリンで素朴なＢＧＭに徹し（アジアのサカモト!）、ラナ・ウィルソン監督『いのちの深呼吸』（18）の挿入曲も（これはFennesz-Sakamotoとして）。韓国映画は初となるファン・ドンヒョク監督『天命の城 The Fortress』（18）は時代劇にふさわしくロマンティックでゴージャスなオーケストラ。台湾を舞台にした半野喜弘監督『パラダイス・ネクスト』（19）でも物悲しく重厚なテーマ曲を響かせ、シングル・マザーの宇宙飛行士が葛藤を抱えるアリス・ウィンクール監督『約束の宇宙 Proxima』（19）とネットフリックスのＴＶドラマ『Black Mirror: Smithereens』（19）はいずれもシガー・ロスを思わせるピアノ＋ドローンやシャープなノイズが透き通った印象を強くする。33年ぶりのアニメ映画となった静野孔文監督『さよなら、ティラノ』（21）はキャラクターごとにモチーフを設定。『戦場のメリークリスマス』から〝Germination〟、『音楽図鑑』から〝M.A.Y. IN THE BACKYARD〟の使い方がとても気に入ったという『君の名前で僕を呼んで』のルカ・グァダニーノ監督による短編『The Staggering Girl』（20）は効果音集っぽく、同じくグァダニーノ製作のネットフリックス映画、フェルディナンド・シト・フィロマリーノ監督『ベケット』（21）でも不条理なドローンや久しぶりに『Esperanto』を思わせるパーカッションの乱れ打ちなど。真田広之の発案で始まったというアンドリュー・レヴィタス監督『Minamata　ミナマタ』（21）は水俣病を取材した写真家ユージン・スミスの伝記映画で、雄大なストリングスはもちろんドローンに各種楽器を絡ませた静謐な曲の数々が印象的。上海事変を扱ったアン・ホイ監督『第一炉香　Love After Love』（22）は豪華な香港映画で（アナログ盤は45回転）、A24が送るSF映画のコゴナダ監督『アフター・ヤン』（22）にはメランコリックなテーマ曲を。さらに乙一原作、ネットフリックスのSFアニメ『Exception』（22）ではディストピアを描写する曲が様々なアプローチで58曲。『Ryuichi Sakamoto: Playing the Piano 2022+』（23）は22年に最後の演奏として配信された『PTP2022』に１曲ボーナストラックを加えた１０９シネマズプレミアム新宿のみの限定特別上映。是枝裕和監督『怪物』（23）には2曲書き下ろし。

坂本龍一は「青年」だった。音楽表現においても、社会的発言においても、彼はいつも荒野をめざしていた。日本のミュージシャンは子どもでいようとする人がほとんどで、自分は大人だと標榜する人もたまにいるけれど、「青年」であろうとする人は滅多にいない。安倍晋三が「団塊飛ばし」と称されたように60年代の価値観を社会に反映させる世代が日本で実権を持った例は稀で、旧態としたままの日本から坂本龍一という「青年」がいなくなってしまったいま、暗雲と不安は増大するばかりである。子どもと大人しかいない国はこれまで以上に変化を生まないだろう。坂本龍一について多くの人が何かを語りたがるのはそうした不安を解消したいからに違いない。本書では音楽と政治を分けて考えることはしたくなかった。坂本龍一の音楽には初めから小さいものに向ける視線があふれていて（『音楽図鑑』で自分をアリに喩えているぐらいだし）、そのような彼の創作態度と弱いものに味方する政治的スタンスに矛盾があるとは思えなかったからである。坂本の音楽はすでにメッセージを伝えていた。それを解釈し、言葉にするかしないかは受け取り手の自由である。『日本のサカモト』というタイトルは日本の才能を日本人が評価しようという呼びかけであり、坂本本人の姿勢ではなく、彼の表現に接した受け止め手の態度を問題にしている。それこそ「世界のサカモト」というレッテルは日本から彼を追い出そうとするムラ社会の合言葉であり（坂本本人もバカにされていると感じていたと聞く）、そうした集団性の論理に強く抗いたいリスナーもいることは知って欲しい。坂本龍一は多くのものを残してくれた。考え始めるのはこれからでも遅くはない。（三田）

90年代末、デニス・ボーヴェルのロンドンの自宅を訪ねて取材したことがあった。キッチンの小さなテーブルに腰掛けて、彼は取材の途中でおもむろに「君は私がリュウイチ・サカモトと一緒にやったことを知っているのかな？」と言った。かれこれ15年以上昔のことを詳細に話す彼が、坂本龍一を尊敬し、『B-2 Unit』を誇りに思っていることは明らかだった。たしか『async』がリリースされた翌年、ＢＢＣのラジオ6のメアリー・アン・ホブスの番組に出演した坂本龍一は、ＵＫのアンダーグラウンドなエレクトロニック・ミュージックをサポートしているＤＪを相手にジョン・ケージからの影響について語っていた。数年前、来日したクラフトワークのラルフ・ヒュッターに取材した際、彼は話のなかで「私の友だちリュウイチ・サカモトが……」と何回も繰り返した。こんな風にこの仕事をしながら、いろいろな場面に坂本龍一がいた。もし彼に、日本の音楽シーンにはあまりないものが凝縮されていたのだとしたら、「日本のサカモト」とは強力なアイロニーになる。「日本のアウトサイダーとしてのサカモト」が「世界のサカモト」なのだから。この本は、多くの人の助けがあって完成した。ここではとくに、写真や事実関係の確認でたいへんお世話になった株式会社キャブに心より感謝の意を表したく思います。どうもありがとうございました。デイヴィッド・シルヴィアンを繋いでくれたＰヴァインの安藤賀章にも感謝。And also I would like to take this opportunity to express my appreciation to Neil Olliviera.（野田）

別冊ele-king　坂本龍一追悼号「日本のサカモト」

２０２３年７月27日　初版印刷
２０２３年７月27日　初版発行

編集　三田格＋野田努（ele-king）
協力　Kab Inc.
編集協力　小林拓音（ele-king）
thanks to 下村雅美、近藤康太郎、伊賀倉健二、小山登美夫、安藤賀章
装丁　鈴木聖

発行者　水谷聡男
発行所　株式会社Ｐヴァイン
〒150-0031
東京都渋谷区桜丘町21-2 池田ビル2F
編集部：TEL 03-5784-1256
営業部（レコード店）：
TEL　03-5784-1250
FAX　03-5784-1251
http://p-vine.jp

発売元　日販アイ・ピー・エス株式会社
〒113-0034
東京都文京区湯島1-3-4
TEL　03-5802-1859
FAX　03-5802-1891

印刷・製本　シナノ印刷株式会社

ISBN　978-4-910511-50-4